识干家

企業閱讀　學以致用

识干家（原博瑞森）官网
www.bracebook.com.cn
企业阅读 ■ 学以致用

把猎头做到极致

我这样做到百万猎头顾问

Make Headhunting Consultants The Best

李佳倩 黄渊明◎著

中华工商联合出版社

图书在版编目（CIP）数据

把猎头做到极致：我这样做到百万猎头顾问 / 李佳倩，黄渊明著．—北京：中华工商联合出版社，2021.12

ISBN 978-7-5158-3219-7

Ⅰ.①把… Ⅱ.①李… ②黄… Ⅲ.①人力资源管理 Ⅳ.①F243

中国版本图书馆 CIP 数据核字（2021）第 221538 号

把猎头做到极致：我这样做到百万猎头顾问

作　　者：李佳倩　黄渊明
出 品 人：李　梁
责任编辑：于建廷　效慧辉
装帧设计：李　冬
责任审读：傅德华
责任印制：迈致红
出版发行：中华工商联合出版社有限责任公司
印　　刷：河北宝昌佳彩印刷有限公司
版　　次：2021 年 12 月第 1 版
印　　次：2021 年 12 月第 1 次印刷
开　　本：710mm × 1000mm　1/16
字　　数：215 千字
印　　张：15.5
书　　号：ISBN 978-7-5158-3219-7
定　　价：88.00 元

服务热线：010 - 58301130 - 0（前台）
销售热线：010 - 58301132（发行部）
010 - 58302977（网络部）
010 - 58302837（馆配部、新媒体部）
010 - 58302813（团购部）
地址邮编：北京市西城区西环广场 A 座
19 - 20 层，100044
http：//www.chgslcbs.cn
投稿热线：010 - 58302907（总编室）
投稿邮箱：1621239583@qq.com

工商联版图书
版权所有　侵权必究

凡本社图书出现印装质量问题，
请与印务部联系。
联系电话：010 - 58302915

导 读

相信看过电视剧《猎场》的人，都感受到了猎头行业散发出的独特活力与魅力。高挑战、高回报、高成长是这个行业的典型特征，吸引着越来越多的“弄潮儿”加入。那些勇敢迈入猎头行列的新人，将面临哪些挑战，如何才能“化蛹成蝶”，实现职业与人生的“蜕变”?

猎头是 HR 的合作伙伴，有着很多 HR 不具备的独特能力与资源；HR 不能解决的问题、不能获取的人才，猎头却能迎刃而解。猎头究竟有哪些独门秘技，HR 应该向猎头学习哪些招聘技能、方法与经验，如何把猎头的经验移植到企业招聘中?

本书讲述作者从 HR 转身为猎头顾问，并在一年时间里从菜鸟顾问“逆袭”成为百万级猎头顾问，成为新手猎头顾问的标杆。书中内容来源于猎头顾问一线的真实工作场景，原汁原味，不乏动人故事，读来让人或击掌，或扼腕，或赞叹，或沉思；书中分享的猎头顾问的实战技法与独门心法，招招见血，直透人心。

本书呈现的从 HR 到百万猎头的艰辛奋斗历程，可以帮助那些想转型成为猎头的各领域人士，以及已踏入猎头行业的初级、中级猎头顾问，在短时间内获得系统性的实战经验，成为百万级猎头，创造职业与人生的高峰!

他山之石，可以攻玉。本书还可以帮助数以百万计的 HR 快速学习猎头的招聘方法与经验，进而帮助企业快速提升招聘能力，打造有战斗力的招聘团队!

自序一

我如何从 HR 到猎头

我于 2019 年 8 月正式转型成为一家知名猎头企业集团的猎头顾问，此前有近十年的服装行业 HRBP 工作经历。2020 年，在我猎头生涯的第一个年度做到百万级顾问，并获得了集团颁发的"年度最佳杰出奖""年度最佳大单奖"。在此期间，也多次获得了季度奖励，如"季度最佳新人奖""季度最佳大单奖""季度最佳成单奖""季度最佳业务推荐奖"等。

转型做猎头，是我思考许久的勇敢决定。很多朋友问我为什么转型，我总是笑着说："因为喜欢。"热爱是一切事情的原动力。我很喜欢研究总结招聘方法论，也看过很多招聘相关的书籍；曾在甲方作为内部猎头的角色积累过一些典型成功案例，这让我很有成就感。

接触到背景优秀的候选人时，我会主动推荐给业务部门负责人，但也有很多人才由于企业内没有适合的岗位而错过。这时候我会想，如果能把优秀的候选人都匹配到合适的企业中发挥价值，也算是一件为行业、为社会做贡献的事情，做猎头的想法就这样萌芽了。

我很幸运，遇到一家非常优秀的猎头公司，感谢领导的赏识，还有我的家人、朋友给我的认可和肯定。尤其要感谢的是黄渊明老师，他从市场环境、行业趋势、自身优劣势、性格特质等方面为我做了系统的职业分析，让我最终有勇气迈出这一步，进入全新的猎头世界。

我对艺术创意设计类的岗位最感兴趣，巧合的是，当时该猎头公司正好需要操作这个方向的顾问，所以我以一名独立顾问的角色加入了公司，并确定了以大设计岗位作为主攻方向。刚进公司的时候，正赶上公司推行 PS（Proactive Specialization，主动专注）模式的关键时期，我始终相信专注的力量，能有这样的机会聚焦大设计岗去深挖和研究，是我的荣幸。

从企业 HR 转变为猎头角色，少不了磕磕绊绊，但我进入状态的速度还是比较快的，快速的 BD 客户、迅速开展业务。我充分利用与候选人或 HR 的每一次电话沟通，除了评估候选人本身的能力素质外，还会挖掘商机、挖掘 HR 人脉、挖掘更多的候选人等。

刚刚转型时，周围的一切都比较陌生，陌生的环境、陌生的同事、陌生的工作……可能有无数的时刻、无数的理由让我选择放弃，再次回到 HR 身份。但是我没有，我选择勇往直前，支撑我的有几个核心原因：

第一，热爱。

我热爱招聘。前同事跟我说："你在做招聘的时候眼睛里面是有光的。"因为热爱，我会投入很多精力在招聘上。另外，我乐于迎接挑战，遇到难啃的岗位会很激动、很兴奋，并且会一直思考什么样的人选匹配这个岗位，这些人在哪里。功夫不负有心人，我在甲方也积累了一些比较成功的人才猎挖案例，进一步感受到招聘给我带来的那份成就感和满足感。

真正成为一名猎头之后，我有一种豁然开朗的感觉，因为我可以从整个行业的视角去看不同的企业和不同的人才，也会思考如何深入地了解企业的痛点和人才的需求，做到更精准的匹配。当我看到自己推荐并入职客户企业的候选人，慢慢在企业中发挥出自身的价值，帮助企业提升行业地位和口碑，候选人的身价也随之提升的时候，我才意识到猎头是可以推动一个行业的进步和发展的，是服务于人的进步与发展的，我觉得这是猎头的意义和使命。

不论做什么，HR 也好，猎头也好，找到内心热爱的原动力，并且赋予其使命感，然后坚定不移地走下去。

第二，坚持。

到目前为止，我还是比较享受做猎头的过程和状态的，但这并不代表没有挫败。刚刚转行面临的第一个挑战就是 BD（Business Development，商务拓展）。为了我的业务能够尽快运转起来，第一步就要开发客户、寻找职位。但因为这部分工作内容是我之前没接触过的，所以要突破一些心理障碍，做一些准备工作，勇敢迈出第一步。我找了一些老同事、老朋友帮忙，公司的领导和同事也给了我很多支持，算是做到了快速打开局面，当时有 50 多个职位在操作。

看起来进展比较顺利，在我入职一个月的时候做成了第一单，收费大概 20 万元。没有想到的是，我的猎头生涯第一单就遭遇了客户赖账，后来听说这位候选人给这个客户带来了不错的效益，但是服务费到现在还没有收回来。

不久后又诞生了第二单，候选人也顺利入职了，入职当天我还特地订了一束鲜花送给候选人，结果候选人在保证期内离职了。

2020 年比较特殊，因为疫情的影响，本来确定的 offer 被取消，影响了四五十万元的个人业绩。

举上面的例子不是想表达我的猎头“启航”多么曲折，而是很庆幸在自己还是猎头“小白”的时候就有机会经历这些，促使自己去反思什么样的客户值得长期合作，如何与候选人深度捆绑等问题。

之后，随着与客户合作越来越紧密，候选人寻访越来越深入，不断有新 offer 出来，有几次成功地把几位候选人“组团”送到企业。

逆境和挫折，越早来越好，越早经历越好，因为这些都是人生的财富，会为我们以后铺平道路。坚持是一种态度，你的坚持最终会以某种形式回馈给你。

第三，专注。

专注会让我们变得更优秀，会有更快的反馈与交付速度，会在自己深耕的领域游刃有余。专注并不是封闭自己，而是需要更多跨部门的横向协作。特定的岗位交给擅长的顾问去做，提升整体战斗力，在客户心中形成稳固的“地位”。

我当时作为独立顾问，专注的是服装行业设计创意类岗位，把“设计岗”作为标签，让客户和候选人第一时间记住我。在与新客户和新候选人互动时，我都会说一句：“我是专注服装行业设计岗的猎头顾问。”有的候选人会和我说：“和我联系的猎头很多，但看到你专注设计岗，很感兴趣，可以长期联系。”有些之前 BD 过的客户，当时没有机会合作，但之后主动来找我说：“我记得你擅长设计岗，我这边有些岗位可以合作。”

如果说做猎头让我的视野更开阔，那么专注会让我的专业技术更精钻，使我变得更立体、更丰盈。当然，接下来还有更长的路要走，我也会带着这份初心，去迎接更多的挑战，相信前方会有更美妙的风景。

目前我作为一名团队管理者，从 0 到 1 打造全新细分领域的猎头团队，团队业务策略秉承持续专注的运营思路，聚焦零售行业设计类、商品类、零售类及高管类岗位，如视觉创意总监、服装设计总监、鞋履设计总监、配饰设计总监、商品总监、技术总监、品牌总监、陈列总监、销售总监、新零售总监、VP、BU Head、GM、CMO、CEO 等，并在持续积累高管人才和外籍设计创意人才。现在我肩上的责任更重，也要求自己有一颗更强大的内心去扛起这一切。有梦想就要去追逐！

最后，分享我非常喜欢的一句话：“几乎所有竞争都是在 50 ~ 80 分这个领域竞争，你上来把自己逼到 120 分，就会发现眼前一片开阔，全是蓝海。”

李佳倩

自序二

HR 向猎头学什么

招聘 HR 与猎头顾问，在能力特质上，有着许多相似之处。比如他们都需要了解行业发展趋势与人才动态；都需要有精准的识人能力，致力于人与组织、人与岗位的匹配；都需要洞悉人性，了解候选人的深层次需求；都需要发挥沟通影响力，使候选人与用人组织达成一致，携手合作。

但猎头顾问比招聘 HR 多了一些独特的视角，就是销售的视角。他们要开拓客户、维护客户关系；要持续创收，确保自己能生存下来，并推动所在猎头公司的发展……结果导向，不进则退，用业绩来说话，用业绩来证明自己，这是猎头顾问的奋斗底色，甚至已成为他们的 DNA。

猎头是把招聘这项工作做得更有深度，更有专业含量，更为精细化。从做行业分析、人才地图、陌生拜访，到做人才推荐报告、跟进面试、促成企业与候选人的“成功握手”，再到背景调查、入职跟进与辅导……这些工作，无一不需要精心运作，稳打稳扎。

猎头还要解决资源问题，手握两边的资源——候选人资源、客户资源。有了资源，心里不慌。优秀的猎头一定是连接、整合、经营资源的能手。

既然 HR 与猎头有着种种差异，那么 HR 应该向猎头学习什么呢?

首先，学习其深度分析客户需求的能力，把客户“里三层、外三层”都分析透，分析客户业务策略变化背后的人才需求，分析客户的招聘“决策链”与“权力分配”；不仅分析客户本身，还分析客户的竞争对手或“友商”。企业 HR 如果能够把业务部门视为“内部客户”，并以同样的投入与标准去深度研究，一定会深谙业务部门所需所想，并提供其满意的服务，为公司业务发展及战略落地创造出更大的价值。

其次，锲而不舍地为客户创造价值的能力值得 HR 学习。猎头顾问需要和客户建立起价值连接，并不断挖掘可提供的价值点，比如推荐更多优质人选、分享行业动态信息、帮助客户解决棘手的问题等，才能获得客户的“青睐”——更好的合同条款、开放更多的岗位、独家岗位委托、候选人优先推荐面试，以及传递更多的企业内部信息给猎头顾问。

同样，HR 在与业务部门沟通时，也应该有这种为业务创造价值的意识，基于业务需求和痛点，提供有针对性的解决方案，并推进方案的落地，从而帮助业务解决人力资源方面的“头疼”问题，为业务创造更大的价值。

猎头顾问在制订人才地图，对优质、高端人才的挖掘、寻访方面很有进攻性，且具有较高的技术含量；猎头顾问能深度分析候选人，长线跟进，善于把握机会，创造合作点，对有意向的企业与人选，能够锲而不舍，影响说服……这些关键动作及背后的驱动力、行动力，都是 HR 需要学习的。

还有猎头顾问的结果导向，以目标达成为使命，以及对人才推荐过程的精细化管理，也可为 HR 提供参考。如果企业的招聘团队能够用猎头的管理方式，用于招聘团队的管理，其效能一定会提升。

以上枚举几项猎头顾问值得 HR 学习借鉴之处，仅为抛砖引玉，希望企业 HR 尤其是招聘团队，能够以他山之石，攻己之玉，在企业的人才引进工作领域取得更大的成果。

从 HR 到猎头顾问的跨越是比较大的，有的人能很快适应，有的人却铩羽而归。真正能完成转型并创造出业绩的猎头顾问一定是有着非凡意志的人，一定是经历了“梅花香自苦寒来”的过程，是值得尊敬的。

黄渊明

目录

第 1 章

HR 转行做猎头的体验

1. 什么样的 HR 适合做猎头

从事猎头职业的人，一部分是从 HR 转行而来。很多朋友会问，具备什么条件的 HR 适合转行做猎头呢？

从我的经验看，擅长招聘的 HR 做猎头有天然的优势。

做招聘的 HR，其主要工作是搜寻简历、甄别简历、面试候选人、推荐候选人并与用人部门进行沟通协调、跟进入职、跟踪候选人到岗后的适应情况……这些工作与猎头顾问的工作类似，只不过猎头顾问的工作侧重前三步，后面的工作会逐步递减。

对于企业客户来说，猎头行业属于乙方，是服务型行业，需要主动接触企业客户开拓业务，而从 HR 转型的猎头顾问对企业的组织架构、功能职责、运作机制与流程等有更系统、深入的了解，转做猎头后，有助于与客户及候选人产生共鸣。同时，由于企业内 HR 没有那么强的业绩导向与压力，专做猎头后，在积极主动的心态与服务精神方面可能需要加强。

猎头行业收入并不是“旱涝保收”，但是上不封顶。猎头行业的收入结构是固定底薪加提成，提成占整体收入的大部分。刚入行的猎头顾问，前期需要通过各种渠道积累优质候选人与客户资源，虽然辛苦，但更多的人会通过自身的努力来获得成单后的成就感，而且收入也“水涨船高”。

那么，转行做猎头需要什么样的心态呢？

任何事情能够做好的最大前提就是热爱，转行前先问问自己对招聘这件事情是不是足够热爱并充满激情。

每当做招聘相关工作的时候会不会让你“满面红光”，进入最佳状态？

你会主动思考和分析招聘案例，并总结方法吗？

当看到与招聘有关的培训主题或者书籍时，会吸引你的注意力吗？

你是否感觉在招聘方面还有无限的可能？

……

如果答案是肯定的，相信你一定对招聘有着饱满的激情和具有无限的潜力。当然，仅凭借一腔热血也无法成就“伟大壮举”，在 HR 转行做猎头前，以下几个维度需要进行综合评估：

首先，对猎头行业的认可度。HR 在进入猎头行业前，要对行业情况有一个总体了解，认可行业的发展前景，看到其价值，这能够帮助你日后遇到挑战和挫折时仍然坚定信念，永不放弃。很多企业 HR 对猎头是“相爱相杀”，一方面抱怨猎头顾问不专业；另一方面高端职位又不得不需要猎头。猎头顾问专业能力和职业素养的参差不齐会造成很多人对于猎头的偏见，但这不是一个行业的特例而是存在很多行业中的，是金子终究不会被埋没，猎头顾问要用时间和行动证明自己“靠谱”。

其次，在企业中积累一定数量的典型成功案例。想转行做猎头的 HR，相信都是在招聘中亲自“操刀”、能啃“硬骨头”的 HR。在过往的招聘经历中，有哪些资源积累、哪些成功项目经验、哪些思考总结，所有带给你成就感的招聘经历都会帮助你在开展猎头工作时快速进入角色。

另外，分析自身的优势，评估是否适合做猎头。比如具有成就动机、结果导向、行动力、善于沟通等特质，这是一位优秀的猎头顾问需要具备的。

最后，收集周围人对你的评价，特别是对于你是否适合从事猎头工作的意见。这些声音可能来自师长、同事、朋友，他们可以从不同角度给出更客观的建议，周围人的认可会让你更加坚定信念。

有热情、有勇气、有能力、有认可，再加上必胜的信念，等到天时地利人和，就是 HR 转行做猎头的时机。

戴建业教授在《你听懂了没有》中提到："你要是觉得干某事非常'过瘾'，就是上天入地也要想法去干这件事情，你就一定会把这件事情干好。这种情况可以用理论语言将它表述为：兴趣，是求知的内在动力。"不要再怀疑自己适不适合做猎头，只要问自己有没有"上天入地要干好"的劲头。

我在转行前问自己："如果我的职业生涯没有做过猎头，我会不会后悔？"答案是会的。于是我就勇敢地迈出第一步，带着"只能成功不能失败""置之死地而后生"的昂扬斗志，毅然迈入了猎头行业……其实此后的路并没有想象得那么难走，因为你已经具备了一名成功猎头需要的"硬核"。

2. 对猎头的重新认知

在电视剧《猎场》中，主人公郑秋冬有这样一句台词："中介是为没有工作的人找工作，而猎头是为有好工作的人提供更好的工作。"

这个说法没错，中介主要是利用信息的不对称为供求双方提供对接的桥梁，产生的附加值相对较低。随着人工智能的不断发展和普及，单单通过信息不对称来获利越来越困难了。

现在国内的猎头公司大致可以分成以下几类：

- 国际知名猎头公司在中国的分支机构。
- 国内专业从事多行业猎头业务的机构。
- 专门针对某一行业人才的猎头机构。
- 包含猎头业务的综合性公司（还包括管理咨询、培训、测评、人力外包等人才服务）。

这几类猎头公司各有优势：

- 如果企业的需求岗位较多是国际化人才，则最好与国际知名猎头公司合作，因为它们在全球各区域的人才资源最丰富。
- 国内的猎头公司也越来越正规，如果企业招聘涉及的行业、岗位较多，肯定是优选第二类猎头公司。

- 如果所聘用岗位行业集中度较高，或者技术性较强，如某行业的专业技术人员、业务管理人员等，那么行业猎头就是优选，因为他们的人才资源与企业的需求更贴近。

- 如果企业的人力资源管理需求是多方面的，不仅要有猎头，还有咨询培训、测评、人力外包的需求，就可以选择综合性业务的公司，把猎头业务与其他业务联动起来，取得更好的协同效果。

那么，猎头的价值如何体现呢？苹果 CEO 库克说他的使命是服务人类，当你朝一个更强大的目标努力的时候，你会找到意义和目的。

一名优秀的猎头是在为整个人类社会服务。从宏观层面看，为企业找到优秀的人才，可以为行业和企业创造巨大的价值，从而为宏观经济做贡献。从微观层面看，帮助人才实现个人能力和价值的最大化，挖掘人才的无限可能，也是利他的事情。

对猎头有这样的认知后，就像是心中有了“定海神针”，让猎头顾问在境况“黯淡”的时候继续坚持，在收获“喜悦”成果的时候再接再厉。

再来看看猎头的工作性质。猎头顾问作为猎头公司主要业绩产出的主体，常常被看作是销售人员。从某些特征看来，猎头工作的确具有销售属性，比如猎头需要冲在第一线直接面对客户，猎头需要将候选人推荐到客户公司后“催收”服务费等。

但我认为猎头公司不应该单纯地把猎头顾问看作公司的销售人员，因为猎头手中的“产品”很特别。猎头每天面对的是“活生生的人”，而且是在各自领域非常优秀的人，他们对于万事万物有着自己的看法，在职场上有着各自的擅长点和需求点，还有着各自不同的职业发展路径……这些多样性都是猎头工作的挑战，需要猎头顾问融入更多“人性”的东西与候选人沟通，如果带有太多的目的和功利心，可能会少了些许暖意。

此外，猎头需要感性与理性相结合，一味地展现猎头的专业形象很难拉近与候选人及客户的关系；而过分地“称兄道弟”则充满江湖气，无法体现猎头顾问应有的专业形象，较难建立深度信任与合作的关系。凡事过犹不及，适时、适度才是最合适的。

我一直认为，猎头是对人的要求非常高的职业。一位优秀的猎头顾问，除了本身的专业能力，还要持续保持学习的热情，包括对候选人所在行业、专业的学习，以及对识人、用人专业技能的学习，只有与时俱进，才能与客户、候选人“同频对话”。

猎头顾问通过与企业家、职业经理人、行业精英、领域专家的交流，能够听到不同的成长故事、成功案例，了解行业知识与最新资讯，以及精英人士的成功经验，会潜移默化地把猎头顾问带到更高的思想境界，这也是猎头最难得的收获。

猎头的工作，如果仅仅为了招人成单，久而久之会很无趣。成单固然重要，但一个优秀的猎头顾问知道如何享受工作，并找到这项工作的使命和意义。

我把猎头工作作为人生使命的召唤，给其赋予了丰富的内涵：帮助候选人找到发挥优势的平台；帮助企业找到创造价值的人选；在与职场精英互动中提升自己；为人力市场做最优的资源配置；为社会降低失业率和增加GDP……这样就使自己的工作有更宽广的意义。

新冠疫情的“黑天鹅事件”对很多行业都造成了巨大的冲击甚至“灭顶之灾”，但机遇和挑战并存，这要求每一位猎头顾问都要有居安思危的意识，做好业务筹划，提升抗风险能力；做好客户组合，不断积累优质候选人；抓住每一次可能的机会，不要轻易放弃。

我之前在帮客户找一位顶级创意人才时，虽然被候选人明确拒绝了好几次，但我和客户一直都没有放弃，一起努力吸引候选人。在客户拿出了足够的诚意，我付出额外的努力之下，最终候选人成功入职。所以，猎头顾问不仅自己要坚持，还要让客户和自己一起坚持，为吸引优秀人才采取实际行动。

猎头顾问快放弃的时候，不妨念念英国披头士约翰·列侬的一句经典名言："所有事到最后都会是好事。如果还不是，那它还没到最后。"

随着与客户合作的深入，猎头应深度了解客户的痛点和诉求，始终以客户为导向，主动寻访优秀人才，并给客户做推荐；即使目前没有明确的岗位需求，有时也可"创造"出新的岗位需求，为客户创造"意外"的价值，为自己创造"意外"的业绩。我之前成功给某企业推荐的 CXO 职位，就是为客户"创造"出来的岗位。

一家懂得"惜才"的企业，是不会放过任何一个有特殊价值的人才，这样的企业是值得被尊重的，更是值得合作的。

3. 猎头对人的高素养要求

首先，猎头需要多样化的知识结构。因为猎头要理解客户职位要求，找寻和甄选人才，做到人才与岗位匹配，这就需要涉足多个知识领域，才能做好匹配工作。

猎头需要掌握一些通用的知识，比如市场营销、销售管理、生产管理、财务管理、人力资源管理、物流管理等；要了解一些行业专有知识，比如行业的名词、概念、产品知识、经营模式、业务流程等，不了解行业或者专业知识，难以理解岗位的要求，会对岗位定位模糊，很难与候选人进行深入的沟通，很难分辨候选人的任职资格与能力水平。猎头如果能掌握通用知识，加上对行业特殊性的认知，就能把握岗位情况。

另外，猎头还需要掌握其他学科的基础知识，比如心理学、经济学、哲学，甚至政治、体育、艺术等。掌握这些知识，有利于与候选人沟通，找到共同语言，了解对方的价值观和能力素质。

猎头受客户、候选人尊重，是通过其丰富的经验，以及认知水平、逻辑与分析能力、谈吐与见识等个人修养赢得的，而不是靠对客户和候选人的恭维和顺从。因此，猎头需要不断提高自身素质，加强个人修炼。

猎头是实践性很强的岗位，很多素质与能力需要在实践中磨炼才能培养出来。猎头所沟通的人才一般是高级人才，有的人讲话比较隐晦，有的人牛气冲天，有的人是纯理工男风格，还有的人鱼目混珠、徒有其表……以上这些特征都需要猎头细心、耐心，就像老中医“望闻问切”一样，在见多识广的基础上做到慧眼识才。所谓“千人千面”，与人打交道的过程中存在很多变化，科学与艺术、逻辑与人性夹杂，需要讲究跟人打交道的“度”，把握好分寸，进退有道。

4. HR 与猎头的工作逻辑对比

HR 和猎头看似都是人力资源相关工作，但其内部逻辑却有很多不同。猎头渠道是人力资源六大模块之一的招聘模块的其中一个渠道，所以很多人觉得做猎头没有发展，再加上猎头作为乙方，感觉要看 HR 的脸色，这也是很多猎头顾问转到甲方做 HR 的原因。

下面结合我的经历，谈一下 HR 转型猎头需要有哪些工作思路的转变。

首先，视角的转变。

HR 身处企业内部，是基于企业自身的“纵向”视角，所思所为都围绕着本企业的战略方向和人才规划，从人力资源的角度帮助企业提升核心竞争力。由于对企业的了解足够深，HR 可以站在组织的高度去剖析人力资源的现存问题，并能够从选用育留等维度制定综合解决方案。综合来说，HR 开展的工作聚焦所在的企业。

而猎头面对的是众多企业，是一种放眼全行业的“横向”视角，是站在行业的高度去实现最优的人才匹配，即去挖掘更多优质的人才并匹配更多可能的职位。

其次，工作性质的转变。

HR 作为企业中的职能支持部门，需要有很强的服务意识，能够看到业务发展的瓶颈与痛点，并前瞻性地给予业务主管支持与配合。HR 需要有较高的人际敏感度，能够迅速把握业务主管对人才的需求，以及捕捉员工的思想和行为变化，通过一系列的人力资源举措有效满足业务主管或员工的需求。

而猎头顾问是猎头公司中的核心业务部门，有明确的业绩考核指标，有残酷的优胜劣汰，需要猎头顾问有强大的抗压能力和落地能力。此外，猎头顾问还需要有独立开发客户并开展业务的能力，这些都是业绩产出的前提。

猎头需要更多的行动力和结果产出，是实干家；而 HR 需要更多的人际协调或“斡旋”，需要更多的“脑回路”，有一部分“虚”的东西。在有的场景下，HR 需要的不仅在于工作能力有多强，更在于能看懂多少别人看不懂的事情。

正因为 HR 与猎头顾问的工作侧重点有所不同，两者才能互相支持与配合，甚至“抱团取暖”，通过高效合作实现共赢。

猎头本质上也是人力资源管理者，而且是跨组织边界的人力资源管理者，需要完成“外组织”与“外人”的匹配。它有别于常规组织的运行规则，更多是通过整合分析与共享信息、搭建平台、沟通协调来达成，不像常规组织那样通过流程与指令来完成。

在企业组织中，有着既定的流程、角色与职责，HR 管理人和事相对容易，但猎头管理的却是松散、不确定性的资源，所以难度、挑战性更大。

第 2 章

猎头如何与 HR 合作共赢

1. HR 为什么要与猎头合作

为什么企业有 HR 了，还要找猎头？其实，企业之所以选择猎头，是因为猎头与 HR 有一些核心的差异点。

（1）面对群体不同

HR 主要服务于公司内部，除了招聘工作，还有人力资源规划、培训发展、绩效考核、薪酬福利、员工关系等模块的工作。

在招聘方面，HR 有相当一部分工作是制订招聘政策制度、拟定招聘计划、搭建招聘体系，因此精力会分散，花在招聘方面的时间相对不足。

猎头面对的是整个人力资源市场，相对 HR 来说，猎头高度专注高端人才的招聘工作，且有各自专注的行业与业务领域，所以向企业推荐人才时，能够更好地把握精准度，提高企业的招聘效率。

（2）招聘渠道不同

HR 通常都是在招聘网站上发布岗位、组织或参加招聘会、内部推荐等方式进行人才招聘，渠道比较单一。

而猎头招聘的渠道多样化，除了自有人才库、候选人转介绍等公开渠道，还会通过一些社交网站等非公开渠道进行人才寻访。猎头顾问通过与企业深度沟通，详细分析企业职位的具体需求，再根据职位的特征快速匹配或搜寻目标人选，比 HR 的招聘工作更主动、有深度、有效率。

(3) 各阶段推进候选人的力度不同

对于HR来说，一天需要和众多的简历、候选人打交道，如果不是重量级的人物，HR很难时时刻刻跟进某一个候选人的情况。

如果候选人本身的能力是合格的，但是因为缺乏面试经验或者不懂得突出自己的优势和亮点而被HR刷下来，这对企业和候选人都是一种损失。

猎头和HR不一样的地方在于，他周旋于企业和候选人之间，充当桥梁的角色。为了推进企业招聘工作的顺利进行，免去不必要的麻烦，猎头会对人选进行面试辅导、离职辅导、背景调查等。很多HR无法兼顾的细节，比如候选人因为一些生活琐事耽误了入职等情况，猎头都可以通过沟通协商解决。

对于候选人来说，由于HR是完全倾向企业的，所以很多的难言之隐更倾向和猎头袒露。猎头对于候选人及企业，更多的时候是朋友、伙伴一样的存在。

招聘关乎企业的发展问题，单纯靠HR的力量远远不够，这也是很多企业愿意选择猎头进行合作的原因。

2. 收集有效信息，精准快速匹配人才

有时HR觉得猎头不够主动，猎头觉得HR推不动进度；有时HR觉得猎头推荐人选不多，猎头觉得HR搞不清岗位需求……导致HR和猎头之间产生了一层天然屏障。

而HR与猎头顾问的默契合作需要相互欣赏、相互信任，更需要发挥各自的优势，来达成共同的目标。

HR对企业和岗位情况最了解，要善于把相关的信息尽量详细、准确地传达给猎头，比如公司的企业文化、工作氛围、经营情况、未来发展、老板的背景与风格、对标公司、岗位的前世今生等……猎头顾问知

道更多的信息后，不仅能够少走弯路，快速寻访、匹配候选人，还可以作为企业的“代言人”，帮企业做雇主品牌宣传，可以说是一举两得。

很多时候，猎头顾问发现自己推荐的人选，客户根本看不上，HR提供的条件也不准确或者不全面，造成猎头顾问“吃力不讨好”。

那么，如何进行改善呢？办法就是，与客户企业的HR及业务主管深入沟通（最好是当面沟通），通过系统性的提问，充分了解客户企业对职位的需求。

（1）企业信息

- 公司介绍：成立时间、规模（人员数量、分/子公司数量）、公司性质、业务范围、办公地点。
- 目前公司在行业中的排名或所处的位置。
- 公司吸引人才的优势、劣势有哪些。
- 公司的管理风格和文化。
- 公司的组织架构。

（2）招聘信息

- 职位名称、招聘人数、到岗时间（最快什么时间，最晚什么时间）。
- 空岗原因（增员、新设置岗位、原岗位人员晋升、原岗位人员离职等）。
- 岗位职责、职权范围，这个岗位要给公司解决哪些核心问题。
- 该职位工作地点、是否经常出差。
- 岗位任职要求：学历、年龄、性别、经验、之前背景与职位、专业能力、个性特征、工作风格、其他素质（思维能力、人际沟通能力、领导力等），这些要求哪些是必需的，哪些是可视情况放宽的。
- 绩效考核标准：重点考核候选人什么指标、公司提供什么样的条件和支持，如对销售总监职位，公司可提供的资源支持情况如何，候选人要取得什么样的业绩等。

• 岗位的上级情况（直接领导的职位、性别、年龄、风格、对职位的期望）、下级情况（职位、人数、分工）、平级情况（主要与哪些部门打交道）。

• 薪酬：月薪、年薪（构成）、福利（包含哪些）、补贴（包含哪些）、社保情况等。

（3）招聘方向

• 目前这个职位招了多长时间？

• 目前招聘渠道有哪些？

①网站：是每天筛选大量投递的简历还是主动搜索？

②猎头：目前合作的猎头有几家？招聘效果怎么样？若效果不好，是什么原因？

A. 猎头公司的问题：如推荐不及时，候选人同岗位经验少、管理能力弱，薪酬谈不拢等。

B. 企业的问题：如用人标准不明确、企业架构调整等。

• 目标企业有哪些？哪些公司的人不能动？有什么样背景的人优先考虑？

• 面试流程是什么？最终招聘决策人是谁（什么职位）？

有了这个问题清单，客户企业再也不会说猎头顾问不懂他的心思了，每次拿到需求先分析，弄明白后再开展招聘工作。

其实，对于 HR 也一样，很多 HR 拿到需求，第一反应就是问清楚岗位职责及任职要求，感觉把这两个部分弄明白就皆大欢喜了，殊不知还有很多问题不清不楚，导致招聘效率低，邀约过来的人不符合用人部门的要求。

我和客户沟通岗位时，都会顺便问一句是否有公开版的企业宣传材料，自己可以为公司做推广宣传。一般来说，企业 HR 都会乐意提供，因为这是为企业进行雇主品牌宣传，提升招聘的成效，省却了面试过程中企业 HR 及面试官介绍企业情况的时间与精力。

猎头最熟悉行业动态和人才情况，并且见证过很多不同阶段的企业发展历程，每个企业的成功有其背后的道理和值得学习的地方，多与客户分享本行业标杆企业成功运营的案例，并剖析当前阶段需要的人才能力和特征，对于企业的发展是有帮助的。

另外，猎头与客户可以多分享某类岗位在行业中的现状及人才供给、分布情况，让 HR 心中有数；HR 也可以有策略地推动岗位需求的调整，不至于出现过于理想化的岗位条件要求。

当然，并不是所有 HR 都愿意透露过多信息，尤其在合作初期还没有建立信任感的时候；也不是每一位猎头顾问都对行业有深入的理解，对行业人才状况了然于心，因此也没有能力去和 HR 共享更多有附加值的信息。

有一次，一位未曾谋面的大型服装企业 HR 主动找我说，希望协助招聘一位服装设计总监。当问到岗位细节时，HR 说不方便透露更多的岗位信息，只要推荐简历就好。这个场景相信很多猎头都不陌生，应该怎么办呢？猎头只能像无头苍蝇一样毫无方向地低效率工作吗？

我的做法是，首先判断岗位的可靠性，再通过企业中的朋友去打听企业内部情况和岗位情况等信息，根据这些碎片化的信息拼凑起来形成一个岗位画像的轮廓；然后先做一轮人才寻访和推荐，推荐的简历方向、薪酬范围可以开放一些；第一轮简历发过去给企业 HR 以后，HR 多多少少会有一些信息透露出来，猎头会聚焦寻访方向，这样循序渐进地摸清楚情况。

在企业中，每个职位都有属于自己的时间窗，要抓住时机，也许过了就不是原本计划的样子了，所以要动态跟踪管理。

如果猎头顾问听说一个岗位是在市场上找了很久都没有找到的，就需要和客户沟通确认过往此岗位的招聘情况，见过多少人，不满意或者没谈成的原因，以及接下来的方向和关键点。请相信，再“难搞”的、再被人“嫌弃”的岗位，总会有人接受。一方面各人的关注点不一样；另一方面企业招聘或人才求职也要看“缘分”，缘分到了，挡都挡不住。

我刚入猎头行业的时候，碰到一个相关的案例。一家零售企业 A 与候选人 B，企业招聘的岗位是全国直营零售总监，人选目前年薪百万，面试一直很顺利，后来谈 offer 的时候我问 HR 才知道，此岗位之前看过十几个人，最终都是因为薪酬没谈拢，公司薪酬水平离候选人目前薪酬都有一定的差距，很难有薪酬谈判空间。我想，如果能在接到职位时就提前了解这些信息，可能推人的方向就完全不一样，也不需要浪费大家的时间。

管理大师克莱顿·克里斯坦森（Clayton M. Christensen）在《创新者的窘境》一书中提出一个观点：“我们想要了解用户，其实不是想要了解用户本身，而是想要了解用户购买这个产品或服务是要完成什么任务。”最简单的例子就是，用户买的不是电钻，而是想在墙上打一个孔。这个观点放到猎头这里，就是满足客户招聘人才要解决的企业问题和需求。

因此，对岗位需求的解析非常关键，猎头顾问要具备招聘咨询的能力，帮助客户挖掘岗位需求，才能做精准匹配，帮助企业找到能“成事”的人，就是能帮企业做成事的人。

3. 靠谱的猎头能够给客户带来增值

俞敏洪说过：“商业合作必须有三大前提：一是双方必须有可以合作的利益；二是必须有可以合作的意愿；三是双方必须有共享共荣的打算。三者缺一不可。”

从猎头和 HR 的合作利益来看，猎头除了帮助 HR 完成岗位、收取服务费这样的直接利益，我们是否有思考过对方的深层次需求呢？

优秀的企业 HR 选择与猎头合作，更希望借助猎头顾问在行业内深入的研究和理解，通过合作帮助 HR 打开一扇窗户去看看“外面的世界”。

当下企业 HR 的工作压力是比较大的，需要应对企业内部的各种情况，没有太多的时间和精力去关注行业、标杆企业、竞争对手企业，如果猎头顾问能够在合作过程中随时和 HR 分享行业新闻、人才动态、薪酬信息等，并且能够未雨绸缪帮助 HR 储备符合企业“口味”的人才，在岗位合作中能够准确把握需求，做到快速、精准匹配，一定会是 HR 心中的“头牌顾问”。

有一次，我接到一个客户企业 HR 的女装设计总监职位，HR 对我说这个职位已经招聘了一年多还是没有找到合适的人选，老板非常着急，持续给 HR 施压，HR 愁眉不展。

我和该企业 HR 进行了一次深入交流，了解该服装品牌在设计研发方面目前面临的主要问题，以及团队的现状、产品的风格定位等，并与 HR 认真探讨了岗位人才画像，确定了访寻方向。

HR 之前对于业务痛点分析不透彻，没有抓住岗位的核心价值贡献与关键职责；同时，由于对市场人才状况不熟悉，对岗位要求又过于理想化（其“想象”中的人才，在市场上几乎是不存在的）。

在和客户探讨后，我迅速推荐了两位候选人，客户面试后选择其中一位成功入职。老板对这位人选非常满意，还特意“召见”了我进行表扬。

所以，猎头顾问能够帮助 HR“啃硬骨头”，用自己的专业去帮助客户做更多“前置性”的工作而不仅仅是找人，还要给客户带来增值服务，得到客户的青睐。

比尔·盖茨有句名言：“每天早晨醒来，一想到所从事的工作和所开发的技术将会给人类生活带来巨大的影响和改变，我就会无比兴奋和激动。”

激情是人类内驱力重要的一部分，能够帮助我们取得更高的绩效和成就。对于猎头顾问更是如此，所以要找到工作的意义和兴奋点，找到能够驱动你前行的动力，比如猎头顾问可以通过对行业的了解给客户提供可行性建议，根据对岗位的深度认知，推荐匹配的候选人，并发挥出高绩效等。

企业 HR 选择不了自己服务的客户，不论面对的客户多难啃，也要千方百计达成目标。而猎头的自由在于有选择的权利，你可以选择做或不做，但有一个原则是，不论这个客户你多不 Care（在意），也要维护这份关系。

一方面因为人是活的，可能今天你不在意的 HR，明天会成为你的 KA（Key Account，大客户）的 HR；另一方面企业内很多管理流程，以及管理者的选人偏好、决策风格，是 HR 把控不了的，不能都怪在 HR 头上，猎头顾问也要体谅 HR 的难处。

如果 HR 很不专业，猎头顾问就没必要在他身上浪费时间，可以考虑换个目标对象（比如业务主管，或该 HR 的上司）切入，如果不行，就先缓缓，有缘分再合作。

其实对于甲方来说，如果能够用乙方的心态来做甲方，会有意想不到的激励猎头的效果。

我在某年春节前收到某新客户的“新年礼包”，心想“通常不都是乙方送甲方礼物吗”，况且这个客户是新开发不久的企业，这让我受宠若惊。

这家企业 HR 和我第一次沟通时就说：“我能感觉到你是一位专业又靠谱的猎头，希望我们能够成为战略合作伙伴。”当时该企业的岗位需求不多，只沟通过一个职位。我与这个企业 HR 沟通岗位信息后，快速梳理了岗位需求的核心关键点，并发给客户确认，一方面帮助自己理清思路，以便准确匹配候选人；另一方面让客户感觉到自己对他的重视与用心，体现了快速的行动力。

我有些关系不错的客户 HR，自己负责的工作内容有了新变化，会第一时间告诉猎头顾问新工作内容，并表示希望新的一年能合作愉快，给予更多的支持。这让我感觉非常暖心。我也曾帮助一位 HR 搞定了紧要但难度很高的岗位，助力这位 HR 获得晋升。实现共赢、荣辱与共才是猎头和客户合作的初心和应有的态度。

4. 猎头、HR 合作如何达到最佳状态

《把招聘做到极致：我这样做到世界 500 强招聘经理》中提到，如何让 HR 与猎头顾问对接更顺畅的方法。

在这里，我们将企业 HR 与猎头的角色进行调换，思考从猎头的角度，如何在不同的关键环节实现与企业 HR 的顺畅对接。

（1）初期合作，明确双方期望

初期合作阶段的目标是建立对接流程，明确双方角色。

猎头不仅要了解企业的期望，还应明确自身对企业的期望，因为只有双方配合好，才能快速完成人才交付。具体包括如下内容：

- 企业提供详细的企业介绍与宣传材料，以便猎头对企业有更系统、立体与全面的感知。
- 企业对每一个招聘的职位，都需要提供详细的 JD（职位说明书），不仅介绍该职位写在纸面上的条件，还应透露一些没有写在纸面上的隐藏条件。当然，现在越来越多的企业不再认真地整理 JD，用 HR 的说法是能写出来的要求都不算要求，真正的需求是无法用语言表达的。在这里，还是建议 HR 把 JD 落实到书面，整理的过程也是梳理复盘的过程。如果的确没有书面 JD 怎么办，那么猎头顾问需要通过和 HR 的沟通获得消息，自行整理核心需求点并与 HR 再次确认。整理岗位需求可以利用 5W1H 工具，在作者的《把招聘做到极致 2：灰度招聘

全攻略》中有所介绍。

- 不同职位的面试流程是怎样的，有几轮面试，哪些轮次是可以合并进行的，每一轮面试官的特点与风格、关注点等。
- 猎头提供简历后，HR 在多少天内给予反馈（候选人是否符合条件，能否安排面试）；
- 每一轮面试后，能够给予及时、具体的意见反馈，特别是没有通过的候选人，也应该告诉猎头不通过的原因，后续应在人才寻访方向上作出哪些调整。

（2）招聘停滞，与企业 HR“拉通”，明确方向

招聘停滞，这种情况发生的背景往往是猎头寻访遇到瓶颈，或者企业的人才需求发生调整。这个阶段，猎头要主动与 HR 沟通，明确方向，并得到相应的支持。

猎头要敢于把遇到的问题与困惑说出来，因为只有沟通才能找到产生障碍的症结并加以解决。因此，顾问要把原来寻访的思路及接下来调整的方向与 HR 沟通，双方一起分析该思路是否妥当，以便准确定位，提高人才寻访的精准性。

在实际工作中，有四个问题需要猎头顾问经常向 HR 了解：“我按这个方向找人对不对?”“之前推荐的候选人没通过面试主要是哪方面的原因?”“你们公司对人才有没有共性的要求?”“公司各级领导对人才有没有特殊要求?”

另外，企业内部的人才需求是动态变化的，由于业务变化，今天招聘的职位明天就可能停止或推迟招聘，或者由于组织架构的变化，该职位的定位、职责与任职条件都发生了变化。所以，猎头顾问也要主动询问企业的招聘需求变动情况。

（3）工作不满意，更需深入沟通

在猎头顾问与 HR 合作的过程中，总会有一些不顺畅的地方，并对

彼此的工作产生不满，这时，猎头顾问不应抱怨，而要把其作为加深双方了解的契机。

双方都需要了解产生不满的关键点并坦诚地说出来，一起讨论改进的方案。如果是HR对猎头顾问的人才推荐质量不满意，就需要猎头顾问对人选严格把关后再推荐，或者从自身擅长的岗位进行突破；如果是HR对人才推荐的效率不满意，猎头顾问可以提高推荐的速度与频率，并及时跟进与反馈。

我也曾遭到客户的投诉，质问为什么岗位沟通了之后，没有人选推荐，也没有任何信息反馈。有时候猎头手上的项目很多，精力有限，没有办法同时兼顾；或者因为人手有限，接到岗位后无法快速响应。遇到这种情况，做好客户期望值的管控很重要，猎头顾问一定要提前把实际情况和HR说清楚，切忌“大包大揽”，而后面“杳无音讯”。自从那次投诉之后，遇到类似情况，我都会提前说明情况，如果岗位紧急，我会建议客户先找其他猎头应急。

另外，沟通配合是双向的。如果是HR对岗位需求解释说明不够清楚，猎头可以请其进一步补充，或者给猎头与用人部门主管沟通的机会；如果是HR反馈的信息不够及时和具体，猎头顾问可以提醒HR尽量传递准确、具体的信息。有的猎头还争取到了企业允许其参加公司董事长、总经理面试高管岗位候选人的旁听机会，以便更好地把握公司最高层对人才的需求。

猎头顾问与HR可在工作之外的场合进行非正式沟通，比如一起喝咖啡、相互参加对方企业内部的培训活动、参加外部的行业交流活动、户外活动等。同时，双方可根据沟通内容与时间采取多样化的沟通方式，不同的方式会有不同的沟通效果，这些都是促进双方关系的润滑剂。

（4）薪酬谈判，默契配合

在招聘过程中，薪酬谈判阶段往往是关乎企业利益的关键环节，需要双方配合与协同才能实现双赢，踢好“临门一脚”。

有时候，HR 不方便与候选人直接沟通薪酬事项，需要由猎头公司作为第三方传递信息。猎头顾问需要既从帮助企业降低成本的角度，又从增强对候选人的吸引力以免候选人“移情别恋”的角度推动谈判，实现企业与候选人的双赢。

猎头顾问要充分挖掘企业的核心优势并与候选人分析该职业机会，主动影响候选人；当企业能提供的条件与候选人的需求有分歧时，猎头公司要策略性地与双方沟通，做好“圆场人”的角色。

这个阶段往往是猎头、企业、候选人三方反复磋商的环节，可能会耗费很多时间，也可能暂时搁浅，因此需要懂得“成功的一半是耐心”。

（5）服务保证期内，跟进候选人融入与价值发挥

候选人入职后，一般有 3 ~ 6 个月的服务保证期。这个阶段是候选人能否融入企业环境、进入工作角色的关键时段，也是企业了解与认可候选人的关键时段，猎头要与企业相互配合，促进候选人与企业的融合，确保其顺利度过试用期。

猎头顾问要定期了解候选人的工作状况与心理状态，同时，给企业提出如何帮助候选人融入环境的建议。当出现突发情况时，猎头顾问应尽最大努力处理异议，协调矛盾。需要注意的是，这个阶段反馈的信息比较敏感，双方都要注意沟通的技巧。

大多数猎头较少关注候选人入职后的融入及业绩表现，其实候选人入职后才是给企业提供价值的开始，验证猎头推荐的人选是不是“真金”，所以候选人入职不是终点，而是起点。

我听过一位猎头前辈分享，十几年前推荐到某公司的一位候选人，现在仍在这家公司工作，已经晋升到总经理的职位，而这位猎头前辈现在也是猎头公司的高层，并且和当年的候选人还有联系和互动。对于猎头顾问来说，除了成单后的业绩，更重要的是你给企业和候选人带来的改变，同时也收获了一份珍贵的友谊，这种成就感不言而喻。

5. 靠谱的猎头比好猎头公司更重要

相比猎头公司，猎头顾问的重要性有时高于猎头公司。

一位 HR 初入一家公司，往往会换合作的猎头公司，很多时候是因为合作默契的猎头往往是百里挑一的，因为磨合一个猎头的难度是很大的，这些固定合作的猎头顾问懂 HR 的语言，有眼光，懂套路，合作顺畅。

我们经常能看到各种群里有 HR 的提问："谁有合作过特别好的××行业的猎头顾问吗?"可见找到一个靠谱的猎头顾问比找到一家靠谱的猎头公司更重要。

猎头顾问专业与否，有时取决于 HR 的专业度。HR 对流程的管控力度越强，与猎头之间的合作就越容易形成正向的互动。所以，HR 对于以下的流程关键点需要特别用心：面试安排如何同步、面试结束后的及时反馈、offer 发放前的沟通、报到细节的确认等。

一个经验丰富、专业的猎头顾问就是行业的资深人才官，对行业知识、企业背景、岗位要求进行彻底的分析，他们给 HR 的不仅仅是一份合格的简历，更是提供了专业的建议，好的猎头顾问做的不仅仅是招聘，还有咨询。

我曾遇到类似的情况，与一位客户公司的 HRD 合作得很顺畅，帮助企业解决了很多实际问题，从行业信息、人才地图、候选人评估等维度给客户提供综合服务，并定期与客户进行复盘，评估寻访方向、人才质量等，并取得了不错的结果。通过一段时间的紧密合作，客户也更了解我的风格了，合作起来更放心。有一天，这位 HRD 对我说："相比选择一个更好的猎头公司，我更希望选择一位长期合作的猎头顾问，你会是我今后的首选猎头。"

企业最应该看重的是猎头公司推荐了哪些猎头顾问服务于本企业，因为猎头公司提供的服务最主要是依靠猎头顾问的专业来完成的。很多时候我们会发现，名气很大的猎头公司虽然有一些综合优势，但是猎头顾问的专业程度，其实并不是让企业方最满意的。在与猎头合作时，企业要着重看合作的猎头顾问究竟是谁，他是否能帮助企业解决问题。

第 3 章

猎头的业务模式

1. 猎头的三种模式：KA、PS、MPC

（1）KA（大客户）模式

这是最传统的猎头模式，也是大部分猎头公司采用的模式。这种模式的核心是以客户为中心，组建团队，消化客户的所有职位，无论这些职位是哪个职能部门的。该模式属于“重度垂直”的模式，对客户有求必应、有需必达。

这种模式的逻辑是：先开发客户，拿到客户的职位需求，根据职位需求寻找候选人，是从客户端开始到找到候选人结束的线性流程。

KA 模式的好处是客户开发压力不大，有几个客户就足够一个猎头团队运作。在房地产行业，就存在几家只服务一个客户就做到几千万元的猎头公司，真是将 KA 模式做到了极致。在互联网行业，也有几家猎头公司在阿里巴巴一家公司做到上千万元的……虽然是屈指可数的几个案例，但是也能看出 KA 模式的端倪，就是组建一个比较强的团队，专注、努力完成某个大客户的所有招聘需求。

KA 模式的第二个好处是客户稳定，如果能够在一家大客户不断成单，客户对猎头公司是有一定依赖性的，完成的职位多了，交往就更加密切，就能展开更多深入的合作，形成良性循环。说到底，无论哪个企业的 HR 都不希望有难以管理的一大批供应商。

KA 模式第一个弱点是客户提供的岗位五花八门，总有一些岗位是不熟悉甚至是从来没有接触过的，需要从零开始找人。往往这些岗位的人不好找，不仅要花费很长的时间，还有可能一无所获，猎头顾问是否有意愿或者有能力持续投入是个问题。

KA模式的第二个弱点是候选人资源不能重复使用，难以形成大部分候选人资源的“闭环”。猎头顾问在找人的过程中，总有一些很优秀的候选人，但是客户用不上。这些候选人没有其他去处，沉淀在猎头顾问的电脑里，无法转化为猎头顾问的生产力。

KA模式第三个弱点就是抗风险能力低，一旦猎头依赖的KA客户有什么闪失，如业务量骤减，岗位需求暂停或取消，就会直接导致猎头业务瘫痪，当年的金融行业猎头就出现过类似的危机。

KA模式下很多顾问都不会BD（Business Development，商务拓展），因为只要做好几个客户就有足够的业务量了。有些猎头公司的老板认为客户是最重要的资源，就源自KA模式思维方式；甚至有些猎头公司的老板为了防止猎头顾问流动带走客户，不仅不让顾问做客户开发，甚至不让顾问接触客户，导致顾问的客户开发和客户管理能力得不到培养和发展。

KA模式对数据库的依赖性是比较大的，但是，如果认为有丰富的数据库就能做好猎头，就走向另一个极端了，因为猎头的工作更多的是对需求的匹配，即企业需求与人才需求的匹配。

（2）PS（Proactive Specialization，主动专注）模式

这种模式是从候选人端开始，在猎头顾问入职之后，就确定某个职能方向，在此职能方向上需要寻找500名左右正在看机会的活跃优质人才，然后将这些人才各方面的情况详细了解清楚、记录在案，然后寻找适合这些候选人的岗位。每年都会有部分候选人找到了新机会，所以猎头顾问需要动态管理优质人才的清单。

PS模式有独具特色的流程，不再以客户的需求为起点，而转为关注人才，以人才的发展为起点。通常是：锁定职能条线→条线Mapping（意为：做人才地图）→人才接触并互相信任→识别出潜在候选人→形成候选人池子→向企业Floating（意为：做人才推荐，Floating原意是漂浮的意思，这里是将候选人发给好几个客户，以争取成单的机会。

Floating 真正的名字是 Market Candidate Out 或者 Revert Candidate to Market，就是“主动把候选人推荐给企业或者客户”）→与企业签订人才协议→长期提供所负责条线的优秀候选人。

PS 模式的逻辑是从候选人端开始，为候选人寻找适合的岗位。PS 模式要求猎头顾问有良好的销售能力，对他们来说，某个职能条线的候选人资源库建立起来之后，最重要的工作是寻找客户。PS 模式平均职位产值是比较高的，因为候选人职位都相对较高的缘故，每成功一单收费都比较高。

PS 模式最大的特点就是专注，顾问只专注一个职能，而且很可能是专注这个职能总监级别以上的岗位。

PS 模式一般是需要精耕细作的，比如一家猎头公司可能有几十个做设计岗的顾问，每个顾问只负责设计岗中的某个方向，或只负责城市中的某个区域，需要深度细分。PS 模式的顾问很少有不会 Mapping 的，只有在专注的岗位中 Mapping 做得足够全面充分，准备好足够多、足够好的“子弹”，才能够玩转 PS 模式。

PS 模式开发客户很可能是不走 HR 部门，而是直接联系 Line Manager（直线经理）。这也正常，因为 Line Manager 很可能就是候选人未来的同事（甚至是上司或下属），而且本身就有可能是顾问的候选人。但是，顾问直接和 Line Manager 联系，可能会让 HR 诟病。

PS 模式最大的问题往往是没有稳定的大客户合作，“打一枪换一个地方”是常态，无法建立稳定的客户关系，而且无法满足客户的多元化需求。

PS 模式的另一个弱点是，因为顾问只专注某一类特定岗位，使得很多顾问的视野不开阔，跨出这个领域，他们的了解往往是较为欠缺的；但他们在自己的领域里比别人做得深入，推荐人才的速度比别人快，确保他们有足够的竞争力。

PS 模式的思维是“点”式的，而 KA 模式的思维是“面”式的。PS 模式保证最大限度地为人才的职业发展保驾护航，同时让顾问工作更有“幸福感”，因为顾问专注一个条线、一个领域，不像 KA 模式的顾问什么职位都做。

在 PS 模式下，顾问可以重复地利用候选人，以“标本”的形式向企业提供人才。由于专注，能够收获更多的行业知识与人脉，于是就会出现越做越容易、越老越吃香的情况。这大大降低了顾问的心理压力，提升了顾问的幸福感。

总结两种模式的特点：

KA 模式以客户为导向，所以一家企业会给予多个职位，承接的职位量较大，对接窗口稳定，猎头会尽量满足客户的所有职位需求，而且头部客户用人标准高，有着较高的维护成本，猎头公司很难维系很多这样的客户。

PS 模式以候选人为导向，提倡大量 Floating 同质化人选，把人才“库存”快速“消耗”掉，所以需要尽快 BD 适合候选人的客户。它是多客户同步运作模式，把一个候选人尽量多频次推荐出去，从而获取最高的成功率。

在实际操作过程中，建议运用“KA + PS”相结合的模式，有几家长期合作的头部大客户，并持续开发能够提供同质化岗位的众多中小客户，两者之间取长补短，提高猎头业务的抗风险能力。

（3）MPC（Most Placeable Candidate，优质候选人）模式

这种模式是从 PS 模式中分化出来的，最适合某些候选人稀缺的领域，候选人很少，但客户需求旺盛，比如 AI、大数据、算法、无人驾驶、区块链、物联网等新兴领域；某些高精尖的领域也适合这种模式，比如医药研发科学家、投资并购领域的高管、外资背景资深律师；还有一些独特的大型机构一把手也适合这种模式，比如某城市综合型大学的校长、某城市知名医院的院长等。

对于这些职位，猎头顾问接到职位需求后要保持理性和冷静，因为找到人选是很困难的，不一定做成。对待这种职位的正确做法是，先去

找到有愿意考虑机会的候选人，再去找职位会容易很多，而且往往这类背景优秀的候选人很容易敲开客户的大门，让 BD 变得容易。

虽然市场上有越来越多的新兴猎头公司采用这种模式，但是转型成功的案例并不多，因为这些猎头公司的老板基本上都是 PS 模式下的外资猎头公司出来创业的猎头顾问。

其实，没有一种模式是绝对正确的，只能说在不同的行业、不同的场景下，某种模式具有适合性。在职能领域，无疑 PS 模式效率更高；在行业领域，KA 模式更适合；在高精尖领域，MPC 模式更有优势。

做细分行业的猎头公司，可以考虑在客户层面上采用 KA 模式；在职能层面，根据不同的职能细分顾问，深度 Mapping，培养顾问开发客户的能力。当出现寻找新机会的高端候选人，如果现有的客户没有适合的岗位，则帮助候选人寻找其他潜在的雇主。

猎头公司应该培养顾问形成业务“闭环”的思维和能力，如果团队具备这种思维和能力，KA 模式与 PS 模式的组合与转换就会相得益彰。

MPC 模式并非适合所有的顾问。首先，MPC 模式的顾问要善于钻研，要敢于和高管沟通。MPC 模式寻找客户不能通过 HR，直接联系 Line Manager 甚至企业老板会更有效。对于稀缺人才，即使没有岗位，很多时候企业也可以为其设一个新岗位。MPC 是开发客户的利器，是突击的工具。

适当的模式很重要，各种模式各有优缺点，不能生搬硬套。但是，作为有志向的顾问，需要了解各种模式的优缺点，在不同场景下灵活运用、融会贯通，才能发挥各种模式的最大效用。

2. PS 模式：专注才能持久

当今，猎头行业竞争趋于白热化，要想在激烈的市场环境中立于不败之地，唯有专注自己的职能领域，保持持久的竞争力。

有一次，我听一位猎头前辈做分享，在客户拜访中这位前辈可以直接告诉客户，目前企业需要补缺的这个岗位在行业有多少个候选人，其中多少人符合客户企业的标准，在符合标准的人选中又有多少人是活跃看机会的。这位前辈带着几份提前准备好的简历，当双方见面沟通清楚需求后，直接和客户沟通简历情况，在完成拜访回来的路上马上打电话约面试，推荐成功率非常高。

猎头顾问如果专注某一细分领域，可以降低服务成本，提升职位产值。

由此可见，PS 模式的核心思想为专注同职能领域，收获持续稳定的业绩。

PS 模式具体的操作思路如下：

- 选择所专注的 Desk（意为：操作的职位范围）。
- 积累 Desk 内的优质候选人。
- 以候选人为中心，寻找可能的推荐路径，并通过候选人获得商机。
- 继续用优质候选人 Floating 简历，并 Mapping 客户，获得更多的同质岗位。

猎头顾问保持健康、良性的候选人储备和客户组合，可以收获持续稳定的业绩。在猎头顾问采用 PS 模式的实际操作中，保持良好的动态数据比较重要。

比如顾问需要积累、储备 300～500 个优质活跃候选人，这些候选人的特点是背景好、面试通过率高并且积极看机会。猎头顾问需要维护好这些候选人，保证与每个人都见过面，了解其深层次的动机和需求，建立信任关系，成为他们的专属猎头。

猎头的所有客户开发动作都有明确的目的性，就是为这些优质的候选人找到匹配的岗位。从客户组合的角度看，应稳定在30个客户左右。其中，10个作为VIP客户，能够有持续的招聘岗位提供，并且客户也视你为他们的核心供应商，会给你有效的、需紧急招聘的岗位和不被误导的信息；10个客户可以作为流动客户，就好像商场散客，平时增加一些快单；还有10个客户，可以是与本公司其他区域、部门的顾问或者外部顾问合作的客户。

有些猎头顾问可能会担心，专注在单一岗位会不会让自己的发展受局限，会不会使自己的业务抗风险能力变弱等。

在我看来，PS模式考验的是猎头顾问的“精专度”，同时也让猎头顾问更多地去联盟、去合作、去共赢，共同把“蛋糕”做大。

对于大型猎头公司来说，行业和职能跨度较大，有专注在不同行业、不同岗位的专家顾问，可以共同BD，互联互通，进行跨部门协作，保证猎头顾问专注各自职能的同时，拓展横向视野。

对于中小型猎头公司而言，与同行“强强联手”也未必不可，与其是竞争对手，不如合作共赢。寻找优势、侧重点不同的同行，或者作为加盟商与大型猎头公司合作，都是提升综合业务实力、拓宽眼界、提升竞争力的好方法。

专注拓展的过程固然很难，这些“受限”时刻也未尝不是提升潜能的一个契机。限制能激发新的可能性。另外，限制能缩小选择的范围，如果没有限制，我们很多的选择都是随机的，反而不容易聚焦目标。

在某一个细分领域积累足够多、足够熟悉、足够优秀的候选人，从量变到质变，最终会在质量和速度上远超竞争对手。操作一类岗位数越多，成本越低，一般一个顾问操作5～10个岗位，以长期可持续的岗位为首选做单。

我有一个经验，就是当你很熟悉一个地区、某一条线职位的时候，对这个地区行业里的人应该都认识和了解，只会因为大意而错过，不应该是因为联系不到候选人而错过。猎头不是拼速度而是拼精准匹配，要让自己慢下来，沉心思考岗位需求，把握好岗位的核心需求，取得“不推荐则已，推荐则中”的效果。

猎头顾问要注意保持与企业 HR 的人才信息“透明化”。优质的候选人不难联系到，但很多猎头手里握着优质的候选人却“推荐不出去”。作为猎头，最无奈的是，客户是自己的，候选人也是自己的，但候选人去了客户公司，却不是你推荐的。

所以，一方面要与客户信息对称；另一方面要有精准匹配的能力。要找准推荐候选人的时机，有些岗位前期客户也在摸索，并且设立过于完美的要求，这个时候推荐很难取得好的效果，猎头可以选择陪着客户一起摸索，也可以选择让自己慢下来，先观察事态发展（这取决于猎头的时间分配和工作优先级），等到客户的要求“降维”了或做了调整优化，再进行推荐可能就会“一击即中”。

另外，有时候对接的 HR 只是按要求做事，不会变通，用固定的要求筛选简历，会损失掉优质的候选人。所以，好的候选人，什么时候推，推给谁，也是需要思考的问题。

从我的实践经验看，把一个优质候选人推荐到多个客户的同一岗位上，对于候选人和猎头来说都是最安全、最保险的方式，这样才能使资源利用最大化。猎头手上同时有不同客户同一岗位越多，运营的成本越低。但在客户端，要想好如果客户介意，自己该如何应对。

专注是制胜的法宝，猎头顾问专注自己最擅长的领域。你的注意力在哪里，时间也会花在哪里；你的时间花在哪里，对应的收益也在哪里。

不要轻易离开你专注的领域，除非你有十足的把握。

有的成熟顾问，在某个业务领域做得特别精专，把所有可能的候选人都 Mapping 到，并且有稳定的客户需求，确保在原领域有持续成功的确定性之后，也可以拓展相关的业务领域，比如这个领域的上下游，以及其他行业涉及此业务领域的板块。

古典老师在《跃迁：成为高手的技术》一书中说道："三流的高手靠努力，二流的高手靠技艺，一流的高手靠专注。上天给你无限的机会，却只给你有限的时间、精力和才华，所以越是优秀，越要专注。"

PS 模式是以候选人为中心的猎头操作思路，可以带来四个好处：获取商机、引荐客户、介绍人脉、赢得口碑。这些是猎头顾问潜在的利润来源，也是一项立身之本。对于猎头来说，候选人的生命周期比 KA 客户更长，所以应该与人才保持有价值的"终身关系"。

3. 这样运营 PS 模式业务更高效

（1）打好 PS 模式的运营基础

①精准定义职位。

可采用垂直细分的方法，用"岗位＋特定范围"的形式来表达，比如"项目总经理岗位＋深圳房地产行业""HRD 岗位＋华南地区""产品总监岗位＋华东互联网行业""设计总监＋上海服装行业"。

在定义职位方面，应遵循"有取有舍"的原则，"取"是选取市场热点、高端、稀缺的岗位，这些职位可以带来高溢价；"舍"是舍弃那些太广泛、无边界的职位，这样很难聚焦，精力过于分散，比如全国范围的财务岗位，全国范围内找人，"打一枪换一个地方"会非常辛苦，另外财务岗位也是很多的，没有清晰的定义层级，看上去"大小通吃"却没有凸显自己的核心优势资源，如采用"CFO 岗位＋深圳地区"就会清晰很多，就聚焦耕耘深圳的 CFO 岗位。

PS 模式就像是做"产品"，把部分精英候选人"经营成"可重复使用的"产品"，不断把他们推荐给不同的企业使用，而这些"产品"

在不同企业的历练中不断增值，成为价格更高的“产品”，如此循环往复。

如果定义职位太分散，猎头顾问就把自己逼到了做“项目”的场景中了。做项目，往往是每个项目都是不一样的，地点不一样、规模不一样、需求不一样……就需要不断挖掘新的资源，满足新的需求，这样耗费的时间和精力都是巨大的。每一次都是重新开始，到最后，辛辛苦苦没有做成几单，时间却白白浪费了，眼睁睁地看着别人轻松“躺赢”。

在选择细分领域方面，应侧重考虑所在行业及岗位处于上升期，可以短期积累候选人，岗位相对容易标签化，人才市场有存量，在地理位置上高度集中的职位，比如华东区跨境物流行业的关务总监岗位。

②盘点优质、活跃的候选人资源。

对人才资源进行盘点，有两个核心要素：一是优质性；二是活跃性。在这两个要素基础上再看行业性：

- 如果是同行业的优质、活跃候选人，这样的人才库是可穷尽的，可以先把人选 Mapping 200～300 人进行长期跟踪并刷新状态，成为猎头顾问的稳定人才库。
- 如果是行业不受限的优质、活跃候选人，这样的人才库是不可穷尽的，可以成为猎头顾问的流动人才库。

接着，把候选人进行分类：

A 类－敲门砖：稀缺/高端＋开放（Open 看机会）的人选，A 类是行业顶级人才，基本是每家公司都想要的。

B 类－决策人：垂直细分领域高管，B 类就是业务老大，对于用人有决策权的，可以把简历直接推荐给 B 类人，他们会向公司引荐优质猎头。

C 类－高度活跃人选：离职人员，C 类就是积极看机会的人，他们会接触很多市场机会，可以从 C 类候选人那边得到商机和真实的岗位需求，属于 BD leads（商务拓展的线索）。

D类－存量候选人：处于看机会状态的目前在职的优质候选人，虽达不到A类那么顶级，但是符合大部分企业需求的、可适用的优秀人才。

那么，如何用好这几类候选人呢？

方法是：通过C类人选做BD，找到B类人选，把A类人选Floating给B类，后续用D类候选人作为重点推荐，争取成交D类。

比如C候选人是一位已离职的设计总监，猎头从C处得知某服装品牌企业正在招聘设计总监，那猎头可以在A类候选人中找到背景和这个品牌匹配的简历A，拿着A的简历去找B（该品牌的总经理，甚至是企业创始人），得到合作的机会，在后续推荐中可以继续用D类的人选。

其中，B既可以是候选人，也可以是客户。他看机会的时候就转化成候选人，稳定时就可以作为客户。候选人和客户根据情况可以转换角色。

我有一次帮助一位设计总监招聘团队成员，因为进展比较顺畅，已有候选人在面试流程中，于是这位设计总监就给我引荐了集团的HR，使我成功开拓客户。

此前我直接和这位集团HR联系的时候，她回复自己有稳定合作的猎头供应商，所以没有BD成功。通过高管引荐的猎头，HR会比较重视，而且信任感也比较高，因为猎头顾问的能力是已经被业务负责人验证过的。

我后续的表现也没有让这位设计总监丢脸，在签订服务合同之后，HR给我一个艰巨的任务，帮助集团另一个海外收购品牌组建中国设计团队，我用最短时间完成了这个任务，而且人选的背景都非常优秀。

③BD leads（商务拓展线索）获取渠道。

第一，来自候选人。

最重要的BD渠道往往来自候选人。猎头顾问在与候选人交流的时候，要习惯性地问一问候选人最近还接触过哪些公司的工作机会，这些机会就是猎头接下来要开发的重点，而且是完全与顾问专注的领域吻合的岗位，可以实现“一人推多岗”，让候选人和客户产生更多交集，然后跟踪候选人还在接触哪些潜在客户，使自己的客户列表不断得到补充，从而可以对客户进行全局性的排序。

猎头顾问要建立与候选人之间的信任关系，要让候选人觉得你是非常有价值的顾问，对市场动态最敏感、了解最深入，候选人才愿意和猎头分享更多的信息。

猎头顾问要形成一种思维习惯，就是所有与候选人相关的见面、沟通等活动，全部要与业务开发相关联。这样可以形成一套闭环的猎头业务模式，BD与交付是“你中有我，我中有你”的关系，而不是分开的两块业务，只有融会贯通，才会让猎头业务开展得更加顺畅。

我的很多岗位操作机会都是通过候选人得知的，这样的信息比网站上公开的招聘信息更真实，是市场上的真正需求。而当顾问拿着真实存在的岗位需求去BD客户时，客户也会觉得你的确是这个“圈子”中的猎头，有人脉、有资源。

第二，主动咨询直线经理。

当猎头顾问有机会和企业的直线经理沟通时，比如在沟通某职位需求、某候选人情况时，可以通过“顺便问一下”的方式，看能否挖掘出其他岗位机会；或者自己手上有一些找工作的候选人对某个品牌特别有兴趣，也可以采用反向BD的形式，把简历发给直线经理，主动问其是否需要类似的人才。

第三，网络招聘渠道。

这个渠道是企业在网络上发布的招聘信息，猎头顾问需要判断其有效性，因为有的岗位已经失效，比如已经找到意向候选人，或候选人已经入职，岗位实际上已关闭，但招聘网站或企业 HR 没有及时关闭岗位，或者无意中刷新了该岗位的招聘信息。

有的企业发布某些岗位，就是为了充实人才库，实际上根本没有这个需求。这类信息需要猎头再做筛选和判断，不要白白浪费时间。

（2）PS 模式在客户端的运营

在与客户企业相关人员（包括但不限于客户的 HR、业务经理、总经理及其他高管等）进行沟通时，要准备好以下几项基本信息：

自我介绍：内容应包含猎头公司基本情况、猎头顾问自身核心优势、成功案例等，还可以包括自己对客户企业的了解。

商务合同：这是标准的模板，猎头顾问可以打印几份放在手边，在见客户时随时提供给对方，但因为合同内容比较详细、烦琐，一般客户不会现场阅读里面的细节，所以猎头顾问最好简要介绍一下里面的关键条款或要点，比如有无签约服务费或启动资金、服务费比例、服务费支付周期、保证期及其他限制性条款等。

基本话术：要预设一些客户可能提出的问题，并做好应对话术的标准化模板，比如客户对猎头公司的行业成功案例的了解，对猎头顾问经验的质疑，对某岗位猎头顾问手头已有人选的了解等。

客户的不同角色（尤其是 HR 与直线经理）可能对此合作有不同的反应，猎头顾问可以采取不同的应对方式：

首先，要建立并维护好与企业 HR 的关系。

因为 PS 的运作模式，是通过从客户的业务老大侧突破的，所以在前期会在一定程度上弱化了 HR 的作用，要观察 HR 是什么态度，一般有如下几种：支持工作、勉强配合、阻拦签约。

我总结的应对建议如下，可以根据不同的情况搭配使用。

• 充分尊重、循序渐进：沟通过程中要体现出对HR自身及公司流程的充分理解与尊重，这样才能获得其支持；要理解HR对猎头公司及顾问有逐步深入了解的过程；有耐心就是成功的一半，没有失败，只有暂时的未成功。

• 主动帮助、提供价值：猎头顾问要主动给HR提供力所能及的帮助，了解其工作痛点，并通过自身的优势和资源给予帮助，比如提供一些有用的咨询、提及一些有可能符合企业需求的候选人情况、给HR提供如何影响业务老大的建议等，尽量给HR的工作带来方便及增值，帮助其提高工作成效。

• 定期维护、持续跟进：猎头顾问要建立好与HR的关系，并定期做好维护。当然，维护的方式是多样的，包括在岗位人选推荐过程中的沟通、日常有用资讯的分享、节日的问候等。

• 寻找契机、投其所好：如果一开始HR对猎头顾问不太接受，不用着急，要耐心等待时机，但不要放弃跟进联系；当HR有某方面需要的时候，要根据其需要适时“雪中送炭”。另外，在日常沟通中，要根据对方的兴趣、性格、风格，采用不同的沟通方式，投其所好，才能取得关系的突破。

PS模式中，有两点最关键：一是决策人是不是足够高端，如果直接推荐给老板，从上到下推荐，这就是决策人足够高端的好处，因为有天然的背书，进入最终流程的概率高；二是候选人的优秀程度，能否帮助猎头公司突破“关卡”进入供应商名单。

PS模式需要猎头顾问更多的Floating，有些顾问就会担心不停地给HR发简历，会不会打扰人家？会不会被“拉黑”？这取决于你的候选人有多优秀，如果简历质量一般，久而久之也会影响顾问在客户心中的形象；如果简历很“闪亮”，即使目前没有岗位需求，但已经给HR留下深刻的印象，一旦日后有需求，HR一定会想到你的候选人。

当然，候选人也有分类，猎头需要把更多的精力放在那些背景好并且积极看机会的人选上，而维持顶级的候选人要打好“持久战”。

其次，有技巧地向直线经理推荐候选人。

一般来说，直线经理也会存在三种态度：坚决推进、帮忙引荐、可有可无。

与直线经理沟通，候选人是最关键的，因此运营好高端候选人群体至关重要。如果候选人不优秀，直线经理是不会纳入推荐范围的；只有优质的候选人，才能让双方找到共同的话题进行切入。

如果直线经理觉得候选人不错，想面试一下，在面试之前，顾问应与候选人沟通自己与客户企业及直线经理沟通的心得体会；面试之后，顾问应向候选人了解他的心得体会。

顾问与直线经理的交往过程，其实也是一个价值交换的过程。顾问向直线经理提供优质候选人信息及行业动态；而顾问从直线经理处获取的信息，有企业动态、人才需求、对候选人的反馈等。

另外，顾问一定要做好职位生命周期的流程管理：维护好活跃候选人——发现商机——BD 客户——客户拜访——候选人寻访——面谈候选人——面试准备——offer 管理——入职准备——入职后跟进。

有几个原则是需要注意的：

- 所有的业务动作都从候选人的运营管理出发，以候选人为导向。
- 所有与候选人相关的动作都要与业务开发相联系。
- 通过人才盘点激活有效的目标候选人，按照计划联系沟通。
- 核心业务动作要有模块化、规范化运作（如发出推荐简历邮件、面谈候选人、电话 BD、客户拜访等）。

4. 如何让业务持续稳定、逐步提升

猎头是一个以结果为导向的工作，而良好的业绩结果需要稳健的过程管理“保驾护航”，切忌业绩像“过山车”一样忽高忽低，持续稳定且逐步提升的业绩趋势才是有竞争力的。

对于猎头顾问乃至猎头公司来说，需要紧盯过程数据，监测其健康度，并定期做数据分析与总结，及时发现问题，制订解决方案。

那么，如何制订过程指标并有效分析数据的健康度呢？

简单来看，猎头的工作无非是两个重要的维度：一是客户端；二是候选人端。两端都要保持动态平衡，通过数据监测，确保其是良性运行的。

我制订了一个工作逻辑图：客户开发—客户拜访—新增职位—候选人面试数—简历推荐数—安排面试数—offer 数—成功入职数。

我把工作量化到每一个关键点，明确日常工作行动的相互逻辑关系，并定期回顾、对比数据差异，制订下一阶段行动计划，形成行为习惯，并做好自我管理与优化提升。

工作逻辑图的主要作用是发现自己的不足，知道哪里需要花力气。当然，猎头的工作不是一成不变的，会因为临时的项目或其他安排而影响当周的实际数据达成与目标有差异，不需要补足没有完成的数据量，我们不是为了数字而做过程，而是为了结果做过程；如果达不到理想的结果，那么我们要及时反思是否策略或者过程出了问题，尽快回到正确的轨道上。

对于新顾问来说，第一个月一般不接触客户，每周往前推进一点。采用“拉动式生产”的方式，明确“我缺什么，应该做什么”，可以每天列出工作目标清单，把时间和精力花在打电话和候选人见面等关键动作上，要把自己专注领域的人才群体尽快摸透。

作为猎头团队的管理者，一方面要尽量使管理精细化，形成可追溯、可量化的工作管理方式；另一方面要让团队享受猎头“做销售”的过程，不是“开单”了才快乐，而是要享受销售的过程。

每家猎头公司的管理方式不同，成功的原动力也不同，没有准确的标准说哪种是对的，哪种是错的，需要取其精髓，去其糟粕。

有几个战术层面的原则是比较重要的：

第一，关于 pipeline（管道，在猎头行业意思是正在操作的职位进展情况，也指某一个职位正在进行的候选人情况等），无论是严格的数据管理，还是过程的精细化管理，其结果都是希望业绩好，业绩好的前提是要有一个稳定的 pipeline。

我是这样制订目标的：

平均每周会完成 20 个左右的客户开发或维护，拿到 5 个左右新职位。如果是在同一城市的客户，我更倾向见面和客户交流合作事宜，见过面的客户对猎头的信任感是完全不一样的。在异地的客户，也会尽量约到一天，出差时几个客户逐一拜访。

在职位操作方面，我每周至少保证给客户推荐 10 份简历，在同质化岗位较多的前提下，可以实现候选人“一推多”的情况，那么报告数每周 20 份以上也是可以达到的。推荐数量足、速度快、准确率高是保证后续过程数据健康的关键点，这需要猎头的投入度、专业度、对行业和岗位的理解度、专注领域的资源积累程度。

在客户面试人数方面，每周至少安排 5 个候选人进行一面，并且一面（初面）、二面（复面）、终面等面试环节中的人数要保证动态数据不低于 20 个，这样才能具备抗风险能力，保证 offer 数量。

在入职人数方面，大多数猎头公司平均一个顾问一个月入职一个人左右。但猎头应该对自己有更高的要求，每月入职 4 ~ 5 个中高端职位是可以做到的。

关于如何保证 pipeline 稳定，“仁者见仁，智者见智”，需要探索、选择适合自己的方式。但我不建议把顾问当成“小学生”一样去监控，而是建议把 pipeline 的管理作为自我驱动的方式，通过检查 pipeline 中的关键节点，检查自己在哪个环节还没有做好，这个检查不是去追责，而是指导自己后续的行动方向与工作重点。

很多人可能会有疑惑，对于那些没有自觉性的人怎么办？我想说：“你永远也叫不醒一个装睡的人，也没有任何人有义务无条件地为你安排谋划一切，你唯一能做的就是快速学习，自己强大起来，和周围的人和事形成一个良性的互动，在这之前你需要做的就是沉淀、忍耐和自我管理。”

一个健康的、良性循环的状态是在流程中各个节点的人数处于大体均衡、可持续发展的状态，不会因运气或偶然事件导致业绩忽上忽下。

此外，猎头顾问可以重点关注“保证期通过率”这个指标。猎头追求的永远不是“快单”，而是你真正把一位优秀的人才放在了适合的岗位上。候选人在岗位上产生的价值越大，猎头顾问的成就感越大。

最终要关注回款情况，因为猎头毕竟是业务岗位，服务费及时到账也是很重要的环节。猎头业务的服务周期本身比较长，为了保证现金流，回款是要重点管理的，所以涉及催款的情况，猎头顾问需要冲在第一线去解决的。

第二，PS 模式最后要达到“查漏补缺”的状态。当 PS 模式做得很到位的时候，当你碰到一个以前没有接触的客户或候选人，就会自我提问：“这是不是我漏掉的那个客户或候选人，我还可能会漏掉哪些客户或候选人？”

这就是 PS 模式做到极致的状态，你几乎在这个行业、这个领域达到“穷尽”的状态。这是完全不同的境界，说明顾问在细分市场已经摸得很透，对商机也非常敏感，市场动态全部在自己的掌握之中。你可能因为疏忽而错过某个商机或某个候选人，但完全不知道其存在，是万万不可的。

第三，时间是制约业务的最大因素。如何高效工作是每一个顾问都要思考的问题，把资源（包括客户、候选人、内部同事、顾问自身等）最大化地进行开发与运用，使这些资源的价值能够得到相互共享、协同。

前面提到了同质化岗位的概念，我们专注在特定领域，操作同质化的岗位，就是要保证岗位对你的边际成本足够低，如果是一个收费很高但你找到的这个候选人此后不会再用到，索性不要承接，因为时间最宝贵。

第四，工作中每个环节都可以关联到BD客户、开发候选人，这是PS模式的顾问应该具备的基本素质。

要有“客户在线”“候选人在线”的意识，任何一个线索都会与原有的客户资源、候选人资源产生连接、融为一体并迅速得到应用，形成“生产力”。

除了以上四点战术方面的原则，以下是两点战略层面的原则：

一是永远不要放弃大客户。因为大客户是我们的根基，而且要不断拓展新客户，眼光要长远，不管你手里有三个岗位还是三十个岗位，BD都不能停止，要保证持续的业务量。

二是以优质候选人为中心，持续积累优质候选人资源，并保证人才库的活跃度。尽量见更多的候选人，见面是人与人链接最好的纽带。

以上提到如何确保猎头业务指标的达成，对于猎头顾问来说，他们不是财务人员，但是可以培养、学习与应用财务思维。

财务思维具体有哪些特点，猎头顾问可以做哪些应用呢？

很多猎头顾问采用的是业务的视角，走向了另一个极端，就是过于讲究过程管理，却忽略了结果。但是财务视角讲究的是结果，无论有哪些业务的变量，最后都希望体现在一定的财务变量上。财务变量就是收入的上升、利润的增加、现金流的充裕等。

在人力资源管理上，平衡记分卡使得具体的业务变量与财务变量连接起来，把战略进行落地。平衡记分卡最高等级的就是财务变量，在财务变量下一个等级是客户方面的变量，就是说我们为了追求好的财务绩效，必须要服务客户，要去了解市场；然后在客户的下一个维度是业务流程的问题，用具体的业务流程来支撑我们的客户，支撑我们的产品；最后一个维度是学习与发展的维度……以上每一个维度都会有具体的一些指标。这个工具的作用就是将我们的战略目标进行层层分解为具体的业务指标，让业务指标与战略性目标，以及财务性目标顺利对接。

一个猎头公司的业务变量再优秀，如果不能顺利转换成财务变量，这样的业务活动是不可持续的。猎头顾问要形成财务思维的第一个方面，就是一定要强调财务结果，这就是结果导向性的思维。

猎头顾问也要关注公司经营层面的财务数据，因为财务数据可以反映企业运营的全貌，企业中任何一个部门的运营状况和效率，都可以从财务数据中看出。财务数据的背后是鲜活的企业具体业务，所以人人都应了解财务知识，具备财务思维。

财务思维让猎头顾问不仅关注眼前的工作，还看到这项工作与企业其他工作的关系，甚至了解这项工作对企业整体运营的意义。

每个猎头顾问的工作都会体现在猎头公司层面的财务数据中，财务数据不仅体现了工作的完成状况，还可以进行分析和评价，让你知道各项工作的效益、效率状况及对企业最终经营结果有何贡献。

财务思维给了猎头顾问一个俯瞰企业的视角，对于猎头顾问后续晋升到企业管理层，甚至后续开启自己的事业，都会有莫大的帮助。

5. 成功运作 PS 模式的四大核心因素

很多猎头公司在未真正理解 PS 模式运作核心的情况下，只是模仿其运作的架构和形式，其结果往往不理想。

猎头公司要想成功运作 PS 模式，必须具备四大核心因素。

核心因素一：让顾问认识到做猎头是做一门 Business（生意），而非只是 Consulting（顾问）工作。

这里所说的把猎头当“生意”来做，是指把人才当“产品”，主动挖掘市场上的空缺岗位，把你的“产品”推销出去。

为什么这个意识的转变，对于猎头公司和猎头顾问来说如此重要呢？

一是当下的猎头市场竞争极其激烈，之前被猎头顾问自我标榜的

“寻访能力强”已逐渐失去竞争力。当你面对客户的时候，他们只会问你一个问题——“什么时候给我安排候选人面试？24 小时、48 小时还是 72 小时？”

猎头行业已经从给客户提供“人才寻访”的顾问式服务时代，跨越到“人才销售”的快速人岗匹配的时代。作为猎头顾问，必须尽快改变自己的业务模式，转型为销售模式。

二是顾问只有专注某个细分领域的候选人市场，实现候选人资源的重复利用，才能快速响应客户的要求，才能更有效地获取市场上的空缺岗位信息，并有针对性、高效地进行业务拓展。

三是顾问只有意识到他是在做一门生意，才能在行为上表现出来，并且在所谓的“KPI”上自发地采取有产出的行动，走出只有应付公司要求的指标（比如每天打电话数、推荐报告数、安排面试数……），却没有业务产出的怪圈。

所以，猎头顾问必须问自己：我是这种“销售型”顾问吗？如果不是，我愿意成为“销售型”顾问吗？

猎头公司负责人必须问自己：我的员工是“销售型”顾问吗？我愿意付出什么代价去招聘，或培养员工成为这种类型的顾问？

核心因素二：这是一个“团队赢个人赢”的游戏。

PS 模式下的顾问，需要不断累积有效的“候选人产品”，同时要 BD 大量的客户，如果缺乏团队成员的配合，会让顾问疲于奔命。

所以，只有团队成员的相互支持、配合与帮助，通过各种团队协同活动（如共享客户资源、共同拜访客户、每日晨会、每周行业会议等），才能把大量的外部信息转化成内部的价值资源，并转化成组织的产出。

所以，猎头顾问必须问自己：我愿意参与“团队赢个人赢”的游戏吗？我愿意为团队付出的是什么？

猎头公司负责人必须问自己：我是否能够做到以团队的立场来创造一个共赢的局面？以“团队赢则个人赢”的立场来与每一位团队成员

进行日常的沟通？

核心因素三：猎头公司需要有培养 leader（领导者）的文化氛围。

PS 模式下，顾问在自己的细分专注领域，不断运用自己的行业洞见和沟通能力去影响候选人和客户，顾问本身就是一个细分招聘领域的 leader。

同时，在新的细分专注领域，猎头公司还需要招募更多新的顾问来运作。比如猎头公司从某个行业入手做 PS 模式猎头，从专注细分领域来说，就需要有顾问可以覆盖这个细分领域的市场、销售、研发、制造、供应链等岗位。如果该行业有 50 家目标公司，每个职能分配 2～3 个顾问，这样十多个人的团队，按每位顾问年平均业绩 100 万元计算，每年就能产生千万业绩。

在团队发展过程中，新的顾问需由资深顾问手把手地指导。公司应给顾问更大的成长空间，让顾问学会复制自己的业务经验给新的成员，并且发展他们成为团队 leader，这是猎头公司组织能力与团队能力提升的最佳方式。

所以，猎头顾问必须问清自己：我对专注领域的 PS 业务运作足够熟悉吗？我准备好带领新人，并渴望成为一个团队 leader 了吗？

猎头公司负责人必须问自己：我的团队中，有可以成长为 mentor（导师）或 leader（领导者）的人选吗？我明确他们的发展方向，并看到他们在付出行动，为之努力了吗？

核心因素四：这是一个需要靠高效的 IT 系统保障的业务模式。

猎头公司的负责人对 IT 系统，主要表现为两类：放任型和控制型。放任型的猎头公司负责人对于员工使用系统缺少控制力，员工对于系统的依赖程度很低，不愿意在系统中进行共享。控制型老板对于 IT 系统在权限层面的要求很高，甚至在团队信息共享方面是有所保留的。而我们提倡的是，在支持 PS 业务模式运作的情况下，进行必要的业务流权限控制。

任何企业应用 IT 系统，都是为业务服务的。当 IT 系统无法满足业务模式的发展时，就需要选择一个新的 IT 系统来适应。

PS 模式下的猎头系统，需要能够满足以下要求：

（1）个人业务流管理

顾问能有效地管理自己专注领域的候选人、目标公司、客户联系人和职位流程，系统有能力给予顾问信息反馈和提示的能力。

（2）团队信息共享协作管理

通过信息共享模块，快速与团队共享从市场上获取的各类信息，并有条不紊地跟进。

（3）团队管理者实时报表

团队管理者能够及时看到每个顾问和团队整体的业绩状况，并且可以通过分析其不同阶段的 KPI 来帮助顾问进行业务健康度检查。

（4）公司财务业绩管理

人才成功推荐、跟进人才到岗、通知财务开票、财务确认到款、分配业绩奖金，需要系统提供一整套完整的解决方案，让顾问、团队经理和财务人员之间的流程顺利流转，并让顾问、团队经理、公司负责人实时看到当前及过去的财务结果及未来的财务预测。

第 4 章

商机获取与客户开发

1. 商机获取的方法和渠道

从发展趋势及实际效果看，PS 模式会是猎头公司转型的方向，因为 PS 模式强调在特定行业内专注岗位，是一种垂直细分的模式，容易取得“厚积而薄发”的效果。

这种模式可能面临如下挑战：顾问操作范围窄，案子可能会出现严重不足的情况；可能会产生与一家企业合作的职位数量不多，如果推荐候选人的数量与质量也一般，会导致客户黏性不够。

因此，PS 模式下，商机的获取尤为重要。猎头顾问获取商机是为了开拓更多的客户，找到更多同质化的岗位，增加候选人的利用率，把候选人推荐出去；并让候选人在你这里看到市场上大部分岗位，与其建立深度的联系，让候选人把周围的朋友介绍给你。

那么，猎头顾问应该如何获取商机呢？

第一，做好客户 mapping，知道客户“池子”在哪里。

猎头顾问要把对客户的 mapping 从“职能格局”慢慢发展为“行业格局”，做好行业分析，研究头部客户，并对头部客户的细分业务进行深入研究，进一步把他们的内部信息 mapping 做出来。

首先，mapping 最终输出的成果，是在组织架构下的候选人，是“人”把这个“人才地图”构建起来的；其次，企业的组织、人的信息，也是猎头顾问在与每一个候选人沟通的过程中积累、梳理出来的，是在每一个候选人提供的“一砖一瓦”基础上构建出来的“大厦”，候选人是真正的“工匠”或“原材料”的提供者。因此，猎头顾问要对候选人提供的信息心怀感恩。

第二，候选人见面与 floating。

候选人积累，最简单的方法是不断打 5 ~ 15 分钟的陌生电话，如果碰到优质的候选人，可以马上约见面；拿到每一个 MPC 时，就拿他去做 floating 或拜访，看看客户是否有岗位需求。

其中，候选人见面是关键，因为候选人基于对你的信任程度，选择在什么阶段告诉你什么信息。猎头顾问需要经常和候选人见面，除了能更好地了解和评估候选人外，还有商机挖掘的考虑。

很多的商机都是通过候选人获取，并通过 floating 打开的；而 floating 给谁很重要，最好是在招聘流程中起决策性作用的人。

如果候选人对于看外部机会比较犹豫，可以问他的团队是否有人员需求。还有些职业素养很好的候选人不希望留下"烂摊子"，甚至是找到自己的接替者后再走，这时候就给猎头顾问提供了新的商机。

与候选人见面沟通时，挖掘询问如下问题：

- 您已经看过哪些机会？
- 您正在看哪些机会？
- 您听说过哪些机会？
- 您想看哪些机会？
- 您是否需要招聘下属？
- 您所在公司其他团队目前是否在招聘？

在与候选人沟通时，从候选人自身出发，以及从商机保护考虑，可以建议候选人让自己独家负责其简历推荐，如果他有意向的企业和职位，可以由自己帮助其开拓这个机会。

要让候选人明白一个道理，如果候选人的简历重复给某一客户，会让客户觉得候选人"看机会"的动机很强，会降低候选人的身份与价值，不利于候选人的后续面试和录用。

越火的行业，职位量越大，候选人的诱惑越多，越需要猎头顾问和候选人相互信任与协作。关键是猎头顾问对所推荐的职位与候选人的匹配度把握是否足够精准，以及是否把岗位情况向候选人讲清楚。同时，要帮助候选人看到市场上 60% ~70% 的机会。

即使顾问手里的职位数很多，也要持续做商机获取，因为只有足够丰富的商机才能让优质的候选人愿意留在你的手上，而且可以持续吸引其他优质的候选人，这是一个良性的循环。

第三，猎头公司内的团队协作很重要。PS 模式是把行业垂直细分后变成不同的小单元，同一猎头公司内，不同的猎头顾问在一个行业内有很多的客户交叉。“我为人人，人人为我。”猎头顾问要多与团队其他成员交流，争取在垂直细分领域成为专家。如果是小型猎头公司，也可以考虑与外部猎头进行联盟，取得“1 +1 >2”的效果。

总之，在 PS 模式下，猎头顾问要有决心把“垂直”做到极致，有舍才有得，要聚焦核心岗位，不要贪多，从而把 PS 做得更深；要提升效率，把时间充分用到面试候选人方面，然后 floating 出去抓住商机。

介绍一个真实的从 BD 到成单的成功案例：

我从某集团旗下 B 品牌设计总监着手，floating CV，之后由设计总监引荐认识 HRD，并合作新岗位。

在沟通岗位的时候，HRD 只说：“帮我看看男装设计师。”我问：“是 G 品牌吗?”HRD 回答：“T 品牌吧。”之后我再问 HRD 具体的岗位要求，没有得到其回应。

于是，我当天先问了设计总监大概知道的信息，然后联系几个候选人，开始做“盲推”。当有安排候选人进行视频面试的机会时，我向 HRD 申请参与面试，并提前和候选人说好有什么问题可以直接问 HRD，另外 HRD 也会介绍公司和岗位情况——这对于猎头顾问后续的人才寻访很有帮助，我因此获得了一个新的岗位——女装设计负责人，并展开 T 男女装设计负责人的寻访工作。

最终的结果是，我成功招聘到男女装设计负责人，打败了竞争对手。从这个案例里面，我的经验是：

第一，从 line manger 入手进行商机获取更高效，但不要忽略 HR 的感受，也不能因为觉得和设计总监关系近，就要求人家选你推荐的人，还是要以团队的需求为准。

第二，在任何岗位信息都没有的情况下，通过你的内外部“线人”及主动申请参与面试的方式，获得更多的岗位信息。

如果所在的行业不景气，如何去寻找商机呢？对于猎头行业的新人，诀窍是从团队的其他成员中获取信息。

我刚进入猎头行业的时候，手里几乎没有客户积累，公司也没有多少有效客户，于是我就跟公司里可能与客户有合作机会的同事打招呼，拜托他们在和候选人沟通的时候，如果候选人接到了新 offer 或者去了新的公司，一定帮忙问问是哪家公司；尤其是上班之后发现新公司不错的，一定告诉我这个公司的名字。也许同事们看我实在着急，又天天催问，都主动帮着问了，陆续反馈了一些公司的名字和零星的信息。

记得一个下午，团队的顾问告诉我一个信息，说可以试着去 BD 一下 Y 公司，她聊的一个背景不错的候选人去了这家公司，说新公司非常棒，工资比原来的公司高不少，公司氛围也好，目前团队也在扩招。

我马上行动，最短时间联系到了这家公司的招聘经理。

我至今记得，当说出我们了解到贵公司正在招聘某类职位，类似某个公司相关背景的候选人已经加入贵公司，而我们有大量相关的人才储备……电话那头传来招聘经理的笑声，说：“你们消息挺灵通的”我就知道找对了客户。

这个客户在后续的合作中被我发展成了 KA 客户，随着他们业务战略推进和人员规模扩张，我当年推荐的一批候选人都入职了 Y 公司，自己也成了 Y 公司的战略合作伙伴。

回过头来看自己初做猎头时的青涩模样，关于如何寻找蓝海，并通过价值呈现带来商机，我领悟到几点：

- 热情必不可少，新人身上最宝贵的就是热情和勇于尝试。

- 努力了也不见得有好的回报，还需要找对努力的方向和目标。
- 一定要团队合作，一群人合作才可以走得远，合作是最好的发展壮大之路。
- 对市场最敏感的人是行业中优秀的年轻人，要和他们保持沟通。
- 差异化是成为优秀猎头的有效路径。

我从事猎头行业后，认识到猎头顾问有两大核心资源——候选人与客户。不仅要有优质候选人，还要有自己的“基石”客户——就是客户认你为“老铁”。

有了“基石”客户，就会有以下几个好处：

第一，自主性更强。猎头顾问可以直接和客户对接需求，这样对需求的理解更清晰。

第二，灵活度更高。猎头顾问控制面试流程和进度的自由度更高。

第三，信赖度更深。无论猎头顾问在任何平台还是自己做，这些客户都认可你这个人，都会和你继续合作。

建立“基石”客户起源于商机获取，只有获取了商机并主动开发，到后面达成“交易”，并通过一个个案子的完成，才能逐步把客户“基石”化。

以下是我经常使用的商机获取的渠道：

（1）候选人渠道

这个方式是我经常会使用的，效果也不错。

我与候选人沟通时，会询问候选人目前公司的经营情况、主要竞争品牌、个人喜欢的品牌等，这样可以逐步积累、梳理潜在客户清单。

在和候选人沟通的最后，我会问候选人还知道哪些机会，候选人提及的岗位一般是市场上相对真实而活跃的，这是猎头顾问获取有效商机的好方法。

另外，我还会与高管候选人保持互动，当他们的团队有猎头岗位需求时，这些高管也会找我帮忙，甚至会给一些独家授权。

(2) 全网扫描商机

在新岗位获取方面，根据自己专注的岗位全网扫描客户，利用线上、线下渠道查看行业内客户招聘岗位信息，例如：

- 利用百度、Google 等搜索引擎的模糊搜索。
- 网站招聘信息：招聘网站、客户公司网站（包括子公司、子品牌的网站介绍）、其他猎头公司网站的客户名录信息。
- 现有客户介绍其他客户。
- 市场活动、沙龙论坛等。
- 行业协会。
- 对口专业院校，每年校园招聘会有很多 HR 资源。

我之前做 HR 负责校园招聘时，曾和一些国内外优秀设计院校的老师和辅导员打交道，现在作为猎头的我仍然和这些院校保持良好的关系，并一同推动行业新鲜血液的流动。

需要注意的是，通过网络渠道获得的信息，需要猎头根据经验或者人脉进行再次核实，因为网络招聘岗位可能已经过了时效，或者可能只是企业为了某种目的发布岗位，而不是真实的招聘需求。

在新客户拓展方面，猎头顾问可以用“企查查”“天眼查”“启信宝”等 App 搜索某办公楼里所有公司的信息；通过“腾讯地图”“百度地图”等可以看到方圆几公里有哪些公司，这对于区域分布集中的行业很有用；对于产业园、创意园、工业区的客户，可利用地方招商局或者园区网站上的信息进行“地毯式”搜寻；对于写字楼的招商介绍会及入驻公司，可以通过“扫楼”的方式进行……总之，各种新客户拓展方式，都要充分发挥想象力与行动力。

另外，客户拜访时尽量采用就近原则，出去一趟就把周边的客户都拜访一遍，不论是新客户还是老客户，这样可以大大降低机会成本。

猎头顾问还可以关注行业网站、论坛、公众号上的行业细分领域的排名。猎头专注在某个行业，第一步先了解这个行业的公司排名、行业新闻、市场动态等，用这些作为和候选人的谈资，更能引起候选人兴趣。因为候选人在一家企业里深挖，没有太多时间关注行业信息和“八卦”，希望从猎头处得到信息。

只要你足够了解市场，就会让别人信服，就能搞定那些“难搞”的客户；只要有突破点“攻进去”，你就会是为数不多的“胜利者”。

2. 选择客户的九大维度

猎头选单有九大维度，以下是详细的解释：

（1）F = Function，职能

一般来说，职能分好几个等级，比如“技术”就叫一级职能，“后端开发”就叫二级职能，“JAVA”就叫三级职能。由于现在猎头顾问在职能选择方面不太细，所以，我们通常说的职能都是一级职能，如技术、产品、运营、HR、财务、法务等。

猎头在选单时，务必要定义好自己的职能，切忌什么都做，而导致什么都不精。

（2）I = Industry，行业

行业比较容易理解，比如物流行业、金融行业、制造行业、房地产行业等。

曾有人开玩笑说：“当下的猎头市场只有两种行业——互联网行业和非互联网行业。”这反映了近年来的市场发展趋势，大部分的传统行业开始和互联网融合，进行行业信息化或数字化转型，出现了很多“互联网 +”的行业，比如互联网 + 零售、互联网 + 医药、互联网 + 制造、互联网 + 地产、互联网 + 金融等。

顾问在选单时，要定义好行业，有助于知识的快速沉淀和同质化应用，便于对行业了解得更深，对人才需求把握得更准。

（3）L＝Location，城市

城市代表职位所在地。虽然全国有很多城市在用猎头招聘，但是比较集中的还是北上广深等一线城市。

因此，猎头在选单时，加入城市这个维度，有助于猎头更精准地找到候选人。

生活在某个城市的猎头顾问，更了解所在的城市，也更容易把这座城市“推销”给候选人。

如果涉及异地人选的挖掘工作，建议顾问去职位所在地旅游几天，会有直观感受，在和候选人沟通时会有场景感，更容易产生共同话题甚至情感共鸣。

（4）L＝Level，职位层级＋薪酬级别

Level 可以分为两个维度：

第一，职位层级，比如主管、经理、高级/资深经理、总监、副总裁/副总经理、总经理/首席执行官。

第二，薪酬级别，就是岗位的年薪总额达到多少。

候选人的薪酬级别，和顾问本身的操作水平是正相关的。

通常来说，0～3 年的顾问，操作的职位年薪平均在 30 万元；4～8 年的顾问操作职位的平均年薪在 60 万元；8 年以上的顾问可以操作年薪超过 100 万元的职位。

当然，也有些特殊的案例，比如 4～5 年的顾问也许能完成年薪过百万的岗位，可能存在运气的成分，或者某些顾问的能力特别强。猎头行业是一个充满刺激且容易产生“奇迹”的地方，这也是它的魅力所在。

顾问在选单时，可根据自身的经验与能力水平，选择相应 level 的职位，以便大概率地完成职位交付，不至于总感觉“心有余，力不足”，或者有久未成单的挫败感。

（5）T = Time 1，职位新鲜度

按照目前人才市场的发展趋势，招聘周期越来越短，职位新鲜度成为一个很重要的维度。所以，顾问在与 HR 做职位沟通时都会问：“这个职位开放多久了？”

不同招聘渠道、猎头机构的新职位同步率越来越高、同步速度越来越快，反之，独家职位率越来越低。

一般来说，对于成熟客户，越是新鲜的职位，顾问越容易交付；对于新兴客户而言则未必，很有可能是老一点的职位比较容易交付，这可能与顾问在新客户上的投入热情，以及顾问手里的资源与前期客户所合作其他猎头的资源差异化造成的。

顾问在选单时，要看职位新鲜度，并结合客户类型来判断职位与自身情况的契合度。

（6）T = Time 2，反馈周期

客户的反馈周期在一定程度上影响了顾问的交付周期。如果客户反馈周期较短，职位的交付效率相对较高，反之，效率就会较低。

顾问可以咨询客户的反馈周期，以及以往的反馈周期情况，从而判断是否接受并操作相关职位。

通常来说，小职位周期短一些，适合 0 ~ 3 年的猎头顾问操作，因为资历较浅的顾问对候选人的把控能力较弱，客户反馈周期太长，候选人就流失了；而大职位的反馈周期会长一些，因此大职位适合由资历较深的顾问来操作，他们对候选人的把控时间要长很多。

（7）T = Time 3，保证期

保证期通常为3～6个月，大部分的客户会设置3个月保证期，而有些特殊岗位会延长到6个月。保证期主要影响回款周期，一般新成立的猎头公司会选择保证期尽可能短的职位来操作，以保证公司现金流。

（8）C = Client，客户类型

客户可分为KA客户（Key Account，直译为“关键客户”，中文意为“重点客户”）和非KA客户两类。

KA客户一般规模比较大，部门、职位、员工人数及HR人数较多，管理较为规范，和猎头合作的规则条件较复杂且严格，很少可以商量。

非KA客户一般规模较小，部门、职位、员工人数及HR人数较少，管理相对随意，和猎头合作的规则以某几个人说了算，商量余地较大。

做非KA客户比较多的顾问，如果转型做KA客户，一定要注意，首先要学习KA客户的做单规则，具体包括推荐流程、面试流程、offer流程、开票流程、回款流程等，以及最重要的红线——不能挖客户公司的人。

不同的公司类型，候选人的职业发展意向也不同。比如KA类公司的中层人员更乐意在内部向上走，或者去非KA类公司做高层；KA类公司高层人员更乐意去非KA公司做更高层或者创业；非KA公司高层人员则比较喜欢去KA类公司做中高层来“镀金”……猎头顾问把握了不同类型的候选人特点，就可以采用针对性的方式与其沟通，以及从正确的方向寻找候选人，推荐合适的工作机会。

（9）C = Competency，职位竞争力

什么叫职位竞争力？就是某个职位流程中还有多少推荐人选是活

跃的。

如果某个职位在招聘流程中有超过 10 个人选是活跃的，那么这个职位的竞争力就相对较弱，再推荐人选就要“排队等号”；不如把人选推荐到其他流程中只有 2 ~ 3 个活跃候选人的职位上。

3. “三看法”识别真假客户

有没有听过猎头顾问这样的抱怨：

“某客户背着我，接触了我推荐的候选人!”

“我推荐过的候选人去某公司上班了，我竟然不知道!”

“某客户面试了很多我推荐的候选人，可就是没有要 offer 的意思!”

……

类似的情况有很多，背后的原因也有很多，有些是善意的，有些是恶意的。作为猎头顾问，一定要具备分辨能力，把你的精力用在珍惜猎头劳动成果的客户身上。

那么，如何判断客户是不是优质的呢？有些猎头顾问可能会觉得只要能给钱的都是好客户，有钱、有需求、需要猎头固然是合作的前提，除了这些，客户是否值得长期合作才是更重要的考虑因素。

我总结了“三看法”，可以帮助猎头顾问快速识别真假客户。

一看客户的行业口碑。

口碑可以帮助猎头顾问最便捷地获得客户诚信度评价，辨别是否有合作的必要。

有一次，我和一位关系不错的时尚行业朋友聊天，她提到刚刚通过猎头推荐入职了某品牌，入职前接到企业 HR 的电话，希望这位朋友能够和 HR 口径一致，把报给猎头的薪酬总额降低，来克扣猎头的服务费。这种情况通常候选人无法拒绝，毕竟日后要在企业里工作，只能选择配合。

还有一次，我想通过某品牌公司的一位内部人员引荐本企业HR，问是否有合作机会，这位内部人员告诉我，他们公司有不付服务费的不良操作，建议谨慎考虑是否合作。

有一些企业的HR，猎头顾问推荐候选人后，他们就不反馈条件是否合适，或者暂时不见，等时间长了，就单独联系候选人进行面试，面试通过后不告知猎头顾问，就直接让候选人入职了。

对于有以上类似行为的客户，猎头顾问应该坚决放弃，直接将其加入客户“黑名单”。

猎头顾问可以有很多的合作选择机会，要选择和陪伴那些真诚、守信的企业建立长期合作关系，共同成长发展。

二看客户的招聘岗位数量与公司规模的适配性。

我们在各个招聘网站上会看到有些企业的招聘岗位有几百个，而公司规模不过千人，类似这样的客户也要留心，存在长期“钓鱼”的可能。与这样的客户合作，很可能出现猎头顾问推荐了很多优质简历，全部安排见面，但最终没有offer的局面。

当然，凡事都有两面性，长期储备行业人才，至少说明公司有重视人才的意识，一个注重储备人才的企业是有未来的。

我认为，这样的客户并非坚决不能合作，而是看通过什么方式合作。比如谈高一些预付款、谈人才地图项目合作等。要记住合作有很多可能性，不仅仅是成功offer。

三看客户和猎头的互动频率和反馈及时性。

企业HR与猎头顾问互动越频繁，说明岗位紧急重要程度越高，HR需要跟进猎头顾问的工作进展，确保岗位进度在可控范围内。

我合作的一些客户，日常会有一个专门的微信沟通群，HR会在群里实时更新岗位最新进展、简历筛选反馈、面试安排、面试反馈、录用决策等信息。当企业岗位需求发生变化时，HR 也会迅速通过微信群信息或群语音进行沟通，而且客户公司制订了一套完善的猎头激励方案来调动猎头顾问的工作积极性。这类客户的岗位通常只要顾问努力就一定会有成果。

当然，合作前了解企业的运营状况和财务情况是最基本的。现在市场变化很快，再靠谱的客户也存在岗位需求变动等不确定因素。作为猎头顾问，需要做好心理准备去迎接不确定性，并从中找到更多的机会点。

抱怨改变不了任何事情，最终猎头顾问还是要靠业绩说话。谁能在变幻莫测的环境中站稳脚跟，谁就是最后的赢家。

如果客户跳过猎头，直接联系候选人面试，这种情况该怎么办？

首先，要保持冷静，不要被情绪冲昏了头脑，产生一些不理智的言语行为，这是很关键的。很多时候，由于不冷静，导致事情变得更糟，甚至有可能产生不可挽回的损失。

其次，要全面了解具体情况，收集多方信息，不要只听一面之词。我们发现，有时候情况也许不是自己想象得那样，或者不是最初听到的那样。当我们还不了解“全景”信息时，不要轻易做判断。

与企业 HR 沟通后续处理事宜，核心的原则如下：

- 通过摆数据、讲事实的方式，有理有据地争取应有的利益。
- 尽量不要影响候选人的新工作机会。
- 尽量不要和客户闹僵。

如果客户摆明赖账，那么顾问可以拿起法律的武器，维护自己的合法权益。这个前提是你已经想好以后再也不和该客户合作了，并且有正规的文件资料作为支撑。我也听过身边的同事遇到类似事情，直接去客户公司静坐，把钱要回来了。

我也经历过客户赖账的情况。当时我从子公司总经理一直找到集团创始人，公司高层一听到猎头收款电话就瞬间挂掉，看到高管都是这种态度之后，我最终的选择是放弃服务费，没有再继续追究。

在这里呼吁一下，行业圈子真的很小，尤其是行业内的老板或者高管人群，除了生意经营得好坏，行业内外的口碑和声望更重要，为了省下一些猎头服务费而把自己的名声搭进去，让猎头把你作为和行业候选人吐槽的对象，何必呢?

没有要账经历的猎头不是完整的猎头。

用积累经验的心态面对一切不确定性和危机，心情会很平和，感恩一切给你带来苦难的人和事，人生会更幸福。

还有一种情况，猎头顾问也是经常碰到的，就是客户在候选人保证期前几天通知试用期没通过，该如何处理?

首先，注意不要和企业HR成为对立面，因为HR对内部情况最了解，要试图把HR拉到你的立场，帮助你和组织内部沟通，争取利益最大化。

其次，对客户“动之以情，晓之以理”，表达相信客户是讲“情和理”的，并表明自己的价值贡献，尤其是对于高端候选人，由于某些特殊情况的影响（如疫情），但猎头该做的努力都做了，需要得到应有的回报。

最后，见机行事，必要时继续找客户高管进一步沟通，不能轻易放弃维护自己利益的权利，做有尊严的猎头。

作为企业HR，身处企业内部，会了解真实的信息，而猎头在外部，会接收各种版本的信息，要想获得真实的信息，就要建立自己的“线人”，多一些非正式的社交，这很关键。

类似这种卡在保证期被通知的情况，需要猎头顾问根据经验判断客户行为背后的本质。

如果是一贯的行为，只用员工的试用期，这样的不良行为在行业里应该有所耳闻，这类客户肯定上猎头顾问的黑名单，不要合作。

如果是偶发事件，建议猎头顾问还是给予理解，因为每家公司有自己的情况，及时止损也好，其他原因也好，最终客户做了决定，顾问还是表示支持，但是为了保护顾问的自身利益，建议在前期谈合同条款的时候，对在试用期离职情况进行约定。

我有一位意大利的候选人，2020 年入职客户公司，但是因为疫情的影响，候选人入职之后始终没有办法来到中国，一直是远程工作的状态。因为其级别高，责任重，长期远程工作不利于团队之间的协作，虽然其能力客户很认可，但经过深思熟虑，客户还是决定暂停合作，未来如果候选人能够到中国来，也可以继续合作，于是在过保证期的前一天，客户通知我这个消息。

我和客户最终协商一致，收取的首款不退回，并签订补充协议，在一年之内再与候选人合作则猎头直接收取尾款。在疫情期间，我所在的服装行业有很多国内品牌与外籍高管或顾问中止合作的情况，这也是在不确定的市场环境中每个人都需要承担的。

4. 客户开发的技巧

高效的客户开发，需要前期做好充分的行业调研、规划和准备。

（1）做好客户细分

专业的猎头顾问需要聚焦属于你的主战场，一方面寻找有发展空间的市场；另一方面知道你的核心优势领域在哪里。

麻辣、辛辣、香辣，每种辣法不一样，需要知道最贴合你的口味在哪里。

猎头顾问在进入一个行业时，首先要做行业分析，清楚知道行业体量如何、经营情况如何、目前处于什么样的发展阶段、是否有政府的重点支持等。了解了大环境之后，再来看看行业内的 top 企业有哪些，这些企业情况如何，人才主要缺口在哪里，还有哪些目标客群等。

怎么在行业里找目标客户群体呢？

以我专注的服装行业为例，如果想开发更多的服装品牌客户，就可以到各个商场去市场调研。在商场入口或电梯口，先用手机拍照品牌导引图，然后到店铺看吊牌，回来后网上查资料研究公司，看是否有机会BD。

每个行业都有类似的信息渠道，比如一些高科技园区，里面有非常多的行业内公司。如果能和产业园达成合作，成为他们的人才供应商也是不错的选择。

要找到属于这个行业独特的收集信息的方式，你会比竞争对手更快一步。

(2) 做好客户的选择

除了前面提到的一些选择客户的维度，做细分行业的猎头，要有策略地进行客户的取舍。一个行业的头部客户资源是可穷尽的，但现在越来越多的新锐公司正在崛起，原则上也是目标客群。由于猎头精力有限，选择哪些客户作为KA，选择哪些客户作为人才池，还是有讲究的。

简单来说，还是看目前的服务能力和猎头自身优势在哪些客户身上有机会最大化变现，这些客户就是合作的第一梯队。有些头部客户，虽然平台和口碑很好，但与猎头的合作中会有一些特殊情况，比如合同条款很差、对人的要求很苛刻、查重率很高、猎头供应商非常多等，类似这样的情况，建议不要着急合作，同时多留意他们入职了哪些高端人才，这些人才也可能是你的“猎物”。

通过正在合作的头部客户，可以帮助猎头顾问积累优质的候选人，并且可以通过这些优质的人才来挖掘更多的商机，持续开发和维护具有发展潜质的中小企业客户。

在“KA + PS”模式下，我们持续开发的客户，应当是给我们提供同质化岗位的，能助力猎头的人才推荐报告实现“一推多”的那些客户。

那么，和中小企业客户合作有什么优势呢？

因为我专注在行业深耕，所以会挖掘出很多深层次的客户，他们可能现在体量还不大，甚至是初创阶段，但发展势头很好。与这类客户合作，我发现他们的效率很高，有时候就是创始人一轮面试就可以决定录用，而且猎头顾问通常是和决策人直接对接信息，对需求的把握准确度和效率更高。

同时，与这类公司合作，对猎头的专业度要求更高，需要猎头顾问作为真正意义上的顾问，不只是推荐一个人选这么简单。因为有些中小企业老板想改变但不知道如何改变，猎头顾问这时候需要根据企业的目标和现状，和企业老板一起分析痛点、梳理架构、盘点岗位，真正帮助客户解决问题。在咨询过程中，猎头也会为自己创造出更多的高端职位的机会，实现双赢。

选定了想要开发的客户之后，猎头顾问通过什么渠道，可以成功联系到这些目标客户并拿到可服务的职位呢？

比尔·盖茨曾说：“将你的公司与竞争对手区分开的最佳方式，将你与碌碌大众区分开的最佳方式，就是充分利用信息。你如何收集、管理和使用信息将决定你的输赢。”

以下几个渠道可以获得有效信息：

高管：学会对话高管，从高管层面切入的合作最靠谱。比如创始人、GM（总经理）、VP（副总）、BU head（事业部负责人）等。这些人的联系方式较难从常规渠道获得，不妨问问候选人或者熟人，或者拜托朋友问其他人，大家都在一个行业，只要你想联系的人，一定会有突破口。

Line Manager（直线经理）：从 line manager 下手 BD 效果也很好，因为他们最懂需求，知道公司内岗位与人员的变动情况，最有实效性，用人也最急。但和这类人联系要注意一点，不要忽略 HR 的感受，更不要让 HR 完全不知情，需要猎头拿捏好分寸。

HR 群体：猎头应该是和 HR 联系最频繁的，也是重要的 BD 对象。HR 是信息最集中的地方，也知道各岗位的招聘进度，并且很多企业的 HR 具有直接决定猎头公司引进，以及把岗位给哪家猎头公司的权力。

尽量和 HR 一起沟通探讨岗位的核心要求，如果 HR 也不清楚，可以让 HR 帮忙组织一次猎头顾问、HR 与直线经理的三方沟通，能够让猎头顾问更加清楚岗位要求及相关情况。用什么样的方式快速匹配和评估候选人，就看猎头的实力了。

这里的关键点是：通过 HR 渠道 BD 客户也要找对决策人，比如 HRVP（人力资源副总裁）、CHO（首席人才官）、HRD（人力资源总监）等，需要慢慢摸到企业中关于猎头引进与岗位分配的“决策链”，才能有针对性地进行沟通。

很多时候，猎头顾问联系 HR 总是说没有猎头需求，是因为猎头联系错了对象，不是没需求，而是 HR 有时压根就不关注高端岗位。所以，猎头顾问不要打一次电话，听到某企业的 HR 告诉你公司没预算或者不合作就再也不联系了，而是要再联系该企业其他的 HR，更高层级的 HR，最终找到决策人。

在打 BD 电话前，建议猎头顾问先充分了解目标客户的企业情况、核心产品、竞争优势，最好是了解到明确的岗位、准备好优质的简历，并且梳理好自己公司和团队的核心竞争优势信息，然后去打客户的电话，成功的概率会大一些。

有时候，行业“八卦”也是顾问找商机的手段，比如市场传言某个企业的高管离职了，或者最近经历了组织架构调整，又孵化了新品牌等，猎头顾问带着这些信息去 BD 效果会更理想。

我发现，即使目前在合作的客户，如果见面，现场会提供更多的更高端的岗位，而只是电话沟通、没有见过面的客户就相对保守。所以，客户是“跑”出来的、“见”出来的，拿人才推荐报告“堆”出来的。

能帮 HR 解决问题的顾问，围着 HR 转的顾问，客户自然会优先选择这些顾问的候选人，并把好的岗位给这些顾问。

客户开发阶段还有一个比较关键的问题，就是合同谈判。每个人的谈判思路和方法不同，市面上也有很多关于如何谈判的资料，可以多学学、多看看，这个话题在这里就不做更多展开，简单地说两点：

第一，气势层面：你有足够的实力，才有足够的底气和客户谈更好的合同；你有更多的“生意”，才有权利“任性”地选择客户。猎头顾问和客户谈合同的强势程度，取决于手上积累的优质候选人的资源厚度，以及对岗位和候选人匹配度的洞察。

第二，性价比层面：有的放矢，不要被眼前的高费率但需要投入很多精力的单子影响，我们更看重同质化的岗位，是“一推多”。相比高费率但关联度低的案子，我建议接受相对不是高费率但能提供持续同质化岗位的案子，这样你才会实现高效高产。

5. 客户管理的三个阶段

（1）开发阶段

相信大家在 BD 过程中，都遇到过 HR 告诉你：

“我们已经有足够多的供应商了，暂时不考虑新增供应商。”

“我们没有招聘预算，我们目前暂时没有猎头招聘岗位，普通岗位已经内部消化了，你先把资料发过来吧，有需求再联系你。”

“你们有什么好的人才简历，先发过来看看。”

“之前和你们公司合作过，不是很愉快，不考虑继续合作。”

……

以上情况，相信猎头顾问都遇到过，也许资料发过去了，从此就“石沉大海”了。在这种情况下，很多猎头都束手无策。

电影《保持沉默》对我很有启发，法官在法庭上的精彩辩论，除了专业知识、逻辑能力等，关键是前期的大量信息收集、对案情细节的了解等。

猎头也一样，在 BD 一个客户或者和候选人沟通之前，要做好准备工作，才能“以不变应万变”。

BD 要获得好的效果，技巧就是要自信、大胆、多练习、敢于尝试、多跟进工作。这里之所以强调跟进工作，是因为 80% 的 BD 成功来自 4 ~ 11 次跟进。

在具体客户拜访的时候，要解决好三个方面的问题：

• 基础层面：这是对接和执行层面的，就是猎头服务好不好用，能不能解决现实中存在的问题，有没有存在合作的可能性。

• 中间层面：基础层面解决了之后，就开始关注猎头服务的价格。

• 最高层面：关心猎头服务对业务产生的影响，更多是从财务角度看能带来的东西。

在具体谈猎头服务合同时，在核心条款方面要注意做出明确界定，以免后续产生争议：

①服务费率（注意是税前还是税后）。

②服务费分期支付情况。

③年薪的定义。

④人才保证期。

⑤到账周期。

⑥退款条件。

⑦保证期内离职处理方式。

⑧罚则条款。

在合同谈判过程中，可以尝试使用“give and back”原则，进行风险对冲，比如说：“好的，如果你们需要 100% 退款，那相应的我们的保证期只能给 1 个月。”（这只是一种方案，相信你可以想出 N 种，比如提升费率等。）

要让客户理解，用人风险全部由猎头承担是非常不合理的，因为（至少部分）做人才录用决定的是客户，大家需要共同承担决定后的风险。

比如退款的问题，可以考虑其他替代方案；强烈不建议退款，哪怕是一部分，因为涉及流程和税的问题；可以建议客户使用“职位储蓄金”方案，让一部分钱自动变成下一个职位的猎头费，省去双方的流程和报表修改。

在和客户具体沟通的时候，注意不能用同一套话术和所有客户进行交流，要根据客户需求进行内容的个性化安排。

在沟通风格方面，需要有动态性变化，比如谈论客户比较感兴趣的问题时，可以轻松一些；谈论到客户的问题和自身价值时，要“一秒切换”变得严肃；在价值呈现方面，尽量依靠数据与事实来说明。

我不建议客户拜访从头到尾都非常商务，因为在过于正式的氛围下，人与人之间会自然产生屏障，不利于深入地了解彼此。

猎头顾问最好能在客户拜访的过程中掌控局面，调节氛围，在自然放松的状态下达到合作目的。这要看个性，还要靠猎头顾问的经验和技巧。

有一次我到杭州拜访客户，邀请了兄弟团队的同事一起，拜访结束离开客户公司后，这位同事跟我说：“今天就靠你撑住了整个场面，你在客户创始人面前的感染力非常强，衔接流畅，效果非常好。”

认真倾听，用心捕捉客户关心什么是很重要的，而且要善于追问，可以先看客户说什么，然后提出问题。

在客户拜访时，要呈现出猎头公司的品牌与定位、行业成功案例，以及猎头顾问的个人品牌与专业度、对市场趋势了解等。

我建议猎头顾问要带着简历去拜访客户，这种简历通常叫作 floating CV。

Floating CV 需要具备以下特点：工作经历稳定，有大公司背景，性价比高，积极看机会，并且顾问对候选人的情况了如指掌。

猎头顾问与客户聊完岗位后，直接给客户有质量的候选人，客户的感觉会特别好，觉得你有诚意。对于新设立的 SME（Small and Medium-sized Enterprises，中小型企业），这种方式特别有效，因为它们小而灵活，注重“干货”，而且较少接触猎头及行业人选，所以当场给客户看简历，会产生极致的“诱惑力”，让你“秒杀”其他竞争对手。

如果在拜访客户时，猎头顾问能说出类似的话，就在某个层面上赢了：“这个市场相关候选人一共有××人，目前活跃看机会的有××

人，能够匹配到贵公司的有 × ×人，我回去联系一下，看这些人的意愿度如何，然后尽快给您反馈。如果都没有合适的候选人，我们再看看方向是否要调整。”

另外，猎头顾问要对这个市场特别熟悉，与企业老板见面时要多聊业务。要很熟悉一个领域的细分类别，才能如鱼得水、如数家珍，当客户每说一个岗位，头脑中要想到几个人，这会让客户觉得你和其他猎头不一样。

我总结出四个 BD 成功的心得：

- 让自己成为这个领域的专家，事半功倍。
- 通过失败总结方法和改进方案。
- 保持行动力，不做永远都不知道前方的机会。
- 保持热情状态，没有热情就没有成功的销售。

（2）磨合阶段

在磨合阶段是需要双方都努力的，HR 与猎头从两边一起往中间走，最后走到一条双方都能接受的合适的路。

对于 HR 来说，可以关注以下几点，可以使自己在与猎头合作的道路上更为顺畅、成功。

- 懂得尊重猎头的劳动成果，真诚守信是建立长期合作关系的前提。
- 分享公司和岗位的真实情况，特别是目前的痛点，可与猎头共同讨论寻访方向，这样人才寻访的准确度会更高。
- 把猎头视为雇主品牌宣传的渠道，与猎头顾问协同，明确公司关键信息并向候选人的传播。
- 每个猎头顾问的专业素养和擅长点是有差异的，HR 要能分辨猎头顾问的优劣。
- 与猎头顾问及时互动，分享公司最新的信息、反馈猎头推荐人选报告的筛选情况、面试进展等。

- 制订有弹性的猎头激励机制，持续提升猎头的积极性。
- 注意不要在服务费上“动手脚”，不然路越走越窄，有好的人才，猎头也不会优先推荐给你。

对于猎头顾问来说，首先要做到如下几个关键工作，才能获得客户的信任。

- 通过多方渠道，明确岗位需求。
- 制订人才寻访计划，并有节奏地推进。
- 及时反馈进展。
- 针对人才寻访过程中的阻碍点，与 HR 交流，一起讨论解决方案。
- 从客户面试候选人的反馈，以及候选人对企业的评价中，总结企业用人的偏好，不断提高人才推荐的准确性。

除了以上“硬功夫”，猎头顾问还应该做好以下“软功夫”：

第一，态度和立场方面。

- 猎头顾问和客户沟通，态度要真诚，对客户讲真话。
- 有同理心，要站在客户的角度思考和解决问题。
- 主动提供增值服务（如提供行业人才数据、宣传企业雇主品牌、帮助搭建人脉等）。

第二，人际沟通技能方面。

- 学会提问：把握节奏，聪明地提问，提出高质量的问题，以便得到更真实的需求。
- 学会倾听：要定位清楚，自己先是供应商，才是朋友；要耐心听，然后提出解决方法；不要和客户争辩，彼此尊重是最牢靠的合作关系。
- 学会反馈：如果合作过程中，交付一直没有结果，也要尽量给客户“干货”，告诉客户自己在人才寻访过程中获得的对客户有用的人才信息，或者有寻访方向的启发。

第三，客户关系的维系方面。

• 要“步步为营”：给客户合理的预期，在恰当的时间点进行反馈。

• 善于呈现数据：让客户了解顾问都做了什么、进展如何，赢得客户的信任。

• 言出必行：注意从“小处”开始建立信誉，不要夸大承诺，最后没办法交付。

• 心存感恩，保持善念：要想着客户很配合，帮助我们了解公司，给我们打开一扇窗，我们也要给客户好的结果。客户喜欢既会“做事”又会“做人”的合作伙伴。

（3）经营阶段

在客户经营层面，我更看重的是长期战略合作关系。

如何做好客户的经营与维护，有三个层次：

第一个层次：以聚焦当下、快速变现为目的的跨界客户。

这种情况的客户维护相对容易，就是快速帮助客户推荐人选，最好是能一次多推荐几个人，大家按照常规的流程安排面试、谈薪、入职；这些客户下一次什么时候能够再放出与你关联的岗位很难说。

这类情况通常存在于跨界人才需求，比如家居行业新孵化的服装品牌需要主理人、医美或者餐饮行业希望攻克高端市场渠道而聘请奢侈品候选人等。

第二个层次：以持续合作为目的的行业内客户。

这类客户能够给猎头顾问提供持续的岗位需求，公司发展比较稳定，是猎头顾问的核心客户。那么，如何维护此类客户呢？

一是通过邮件或微信问候、节日卡片、客户“度假”小礼物等，持续加深关系。

二是持续跟进，要有节奏地出现在客户面前，刷“存在感”，并留下专业的印象。

三是再销售和推荐，让客户在他的“圈子”内推荐，每个客户都有可能成为“百万客户”。

归根到底，猎头顾问是否可以帮助客户解决实际问题，不然其他方面做得再到位，你也不会成为客户关注的焦点。

我的领导曾说过一句话：“人与人的关系如何长久？要么你有趣、有么你有用。如果你没有一个有趣的灵魂，那么就踏踏实实地不断提高自己的专业度。”

第三个层次：以长期合作支持为目的的战略客户。

这类客户可能是大型集团面临业务转型，或者是创业公司的业务快速扩张，需要批量的高端人才来支持业务发展。

通常这类客户不希望对接太多的猎头，而希望找到一两家非常有实力的猎头公司进行深度战略合作。

在与此类客户的合作过程中，猎头不是推荐人选这么简单，还需要在过程中不断互通信息，应对变化。前期的不确定因素比较大，甚至不容易成单，或者试用期成功率偏低，但长期来看还是有前景的。

我的一个客户是大型服装上市集团，其 HR 负责人主动邀请我的团队到公司商谈战略合作的事宜。

因为下一年度企业的经营规划是营业额翻倍，有大量的人才缺口，所以公司总经理想和猎头伙伴进行深入的交流，看如何快速补充人才来支撑快速发展的业务要求。

我也邀请了自己的领导一起参与这次战略合作会议。整个沟通过程很顺利，但是到了实际业务交付时，因为公司内部一些情况，导致我推荐人选的过程并不顺利，即使入职也存在试用期离职的情况。

HR 也对我表示抱歉，有一天我突然收到一条 HR 的微信，写道："企业转型过程中，确实会有一些不确定的因素需要我们去克服，感恩你的陪伴，以后必将用单子好好报答你。"这段话让我很感动，我回了一句："放心，我们一直都在。"看似字数不多的一段对话，其背后隐藏了太多的情感和无限的信任。

在客户转型的特殊时期，我选择了和客户站在一起，与客户一起成长、一起成就。每一个能够一起携手走过 10 年、20 年的客户，都不是一帆风顺走过来的，猎头在客户最艰难的时候不离不弃，客户才会在最辉煌的时候仍然把你放在心中。

归结为一句话就是：不要做短视的猎头，业绩和赚钱固然重要，而当你在回首职业生涯的时候，那些意义非凡的项目和患难与共的陪伴才是最值得回味的。

6. 客户组合与业务筹划

无论是开发原领域的新客户，还是拓展新领域的客户，有几点是需要注意的：

（1）定位好行业，优先拓展行业垂直领域的客户

专注对猎头顾问来说至关重要，专注意味着行业客户的专注、操作职位的专注。

前面谈到了细分职能的专注，即 PS 模式，这种模式对于很多初创和小型规模的猎头公司来说，难度还是挺大的。

对于中小猎头公司而言，首先要考虑行业专注。专注某一个相对垂直的行业领域，吃透行业知识，做好人才 mapping，这是客户 BD 的重要基础。

在开发客户的时候，切忌"胡子眉毛一把抓"，不管什么行业的客户、什么职位，只要客户愿意给职位，都愿意去承接。这样就很难专注耕耘某个领域，也就很难有沉淀和拓展。

无论是客户还是人脉，都是需要沉淀和积累的。如果没有做好规划，就很容易把自己赶进“死胡同”。

（2）勇敢接受 Trial Case（试验个案）

在猎头顾问 BD 新客户的时候，有一些新客户的确会给你一些机会。比如把招聘了半年且还是 open 职位给你，或者一个人员来了又走、走了又来的“高危”职位让你去搞定，或者把业务部门极其刁钻，HR 也很难驾驭的职位或项目给你。

面临这种情况，猎头顾问该怎么办？

拒绝也许是一种选择，但这样会永远失去这个客户。换个角度想，这恰恰是客户考验猎头顾问的能力与合作诚意的时候，顾问应尽自己最大的能力去完成，一旦突破有成果了，与客户的合作就打开了一扇大门。

我现在的 KA 大客户，在最开始合作的时候，就是从最难的岗位开始的，幸运的是交付成功了，随后这个客户只要岗位开放出来，基本都是第一时间给我。

天下没有关不掉的岗位，只要有一颗战无不胜的决心。

（3）行业知名客户为拓展的首选

有钱且有稳定的岗位需求，当然是行业内有一定知名度的客户。无论是从回款角度，还是从吸引候选人的角度，这些客户都是猎头顾问的首选。

当然，大客户开头切入会有一些难度，发挥猎头 BD 技巧的时候来了，怎么打开客户的合作之门，需要我们不断学习和积累经验。

我认识的一家小猎头公司老板，团队有 10 个顾问，团队一年的业绩 200 多万元，这并不是很理想的状态。整个团队 offer 到位率、过保率（候选人入职后度过保证期的比率）只有 45%，几乎一半的 offer 都夭折了。

经了解，原来他们服务的客户都是初创公司和小型公司，很多候选人拿了 offer 都不去，或者去了不适应，很快就离职了。

所以，合理的客户结构和大客户的比例是非常重要的。

猎头顾问要对客户进行等级划分，可以分成一、二、三等级，并将候选人逐步归类。不同层次的客户，需要的候选人背景、要求也不同，最佳的客户组合是各个层级都有相对稳定的客户，这样可以保证你的任何背景的候选人都可以有“归宿”。

猎头顾问要学会巧妙地组合客户与候选人，建立客户清单与候选人库，并要分类别、分阶段、分层次（阶梯式）地储备，才能既抓住重点客户，又不落下长尾客户，并盘活了各层次的候选人，真正做到垂直细分。

比如可以把客户按照发展阶段和用人背景要求分成三个等级，同一岗位类别的候选人按照收入区间分为四个等级等。

客户分类的维度有如下几种参考（以服装行业为例）：

- 按客户组合分类（基石客户 20%、长尾客户 70%、潜质客户 10%）。
- 按客户业务渠道分类（线上、线下）。
- 按客户属性分类（内资客户、外资客户）。
- 按客户产品品类分类（男装、女装、童装、内衣、配饰、鞋履等）。
- 按客户产品风格分类（时装、休闲、运动、潮牌、设计师风格等）。

猎头顾问比较健康的客户组合方式是“普罗大众”并有所侧重，

即客户的覆盖面足够广，但重点要突出。

按单个行业来看，以上各种客户维度，最好都有代表性客户，这样会大大提升业务的抗风险能力。比如疫情期间，外资客户受冲击程度更大、周期更长，而内资客户经历了短暂冲击之后快速反弹；如果一直做外资客户的猎头顾问，其实还是很艰难的，但如果外资和内资的客户一直有着合理搭配的猎头顾问，则不会受太大的影响，因为“东方不亮西方亮”。

这是从单独一个行业进行的业务筹划，如果是放大到多行业，其实也是同样的道理。比如从服装行业拓展到零售行业，那么可能客户群范围会更大，包括奢侈品、美妆、家居家纺、珠宝、餐饮等，但整体业务规划的逻辑是一样的。

对于真正有实力的猎头顾问，在做好客户分类的基础上，凭借自己的专业服务和高效的交付能力，随着多年的累积，会形成个人的品牌，在客户和候选人那里也会形成自己的口碑，然后客户和候选人都会主动给你介绍新的资源，这种“滚雪球”的方式会让猎头顾问越走越顺，也会成为不少客户的战略合作伙伴，并接到一些“独家”岗位。

猎头顾问如何快速研究、了解一个行业呢？

• 研读行业动态报告、文章、新闻等。

• 研究 3 ~ 5 家头部企业，要分析其组织结构，对其部门、岗位甚至业务流程都要做到精深研究，知道成功的模式是怎样的，并进一步把组织结构上每一个岗位上的“人”的信息添加上去。

• 研究热门企业（黑马、后起之秀）。

• 研究行业上下游企业，并密切关注动态（头部的公众号、新闻网站）。

对行业的关注就像看连续剧，看久了慢慢就活起来了，你就会成为行业大咖。

猎头顾问要有长期思维，专注一个行业、特定的企业和岗位，日积月累一定会有所成。比如猎头顾问可以这样想：这件事情对于“五年之后的我”是否有帮助，是否对我的客户有帮助，如果有帮助就去做，否则就不做。通过成就别人从而成就自己，这是你的核心竞争力。

在业务拓展方面，我总结了如下方法：

- 在现有客户中挖掘。这是重中之重，要以拿到现有客户全部岗位为目标，并做好客户的潜在需求挖掘。

- 善用系统，从公司已有的信息中挖掘。比如有些客户的某些岗位候选人入职1～2年后，可以再问一下是否还在任、工作如何等，也许可以再挖掘其他需求。

- 联系企业HR进行有针对性的沟通。

- 通过服务好客户，客户再介绍其他客户。

- 猎头公司高层与企业高层沟通后推荐的客户，可采用“自上而下”的方式进行拓展，通常会有“大职位”出现。

- 参加行业展会，主动出击获取商机。

- 通过PE（Private Equity，私募股权投资）、VC（Venture Capital，风险投资）、券商等获取机会，这些机构投资了相关行业的企业，它们也需要为这些企业进行“投后管理”。因此，猎头顾问也可以mapping行业投资人，作为业务开拓的渠道。

- 可以到进驻本行业企业数量较多的园区，直接和商家沟通联系。

- 其他同事推荐，尤其是那些有着较多岗位需求，并有其他岗位候选人入职了的企业，也许还有新的岗位需求。

- 异业咨询公司介绍，异业合作也是很好的方式，可以通过相互分享市场营销中的资源，降低成本、提高效率、增强市场竞争力。

- 校友等社会关系介绍，以及通过个人品牌与社交网络拓展。

第 5 章

如何经营好 KA 客户

1. KA 客户的识别与筛选

KA 客户具有规模性、增长性、持续性、领先性、多样性、行业标杆性等特点。

当今时代，“单客经济”成为趋势，我们对客户要做到“高级定制”，针对每位客户的不同需求提供不同的产品、服务及体验。

那么，如何识别、筛选 KA 客户呢？

每个猎头公司的标准有所不同，比如某猎头公司定义 KA 客户的标准是新的一年对该 KA 客户的预期净收入：一级 KA 客户为 1000 万元以上，二级 KA 客户为 800 万元以上。

而确定此标准的依据有两个：一是过往与该客户的交易及关系情况（比如来自该客户的营收，以及猎头公司提供服务或产品的黏性）；二是该客户的未来潜力（比如预算、市场份额、发展周期等）。该猎头公司根据这两个维度，进行 KA 客户的识别。

明确了 KA 客户之后，就要做到“知己知彼”，了解客户合作的猎头供应商有哪些，可能的“空白点”有哪些，并根据公司的优势与资源，对 KA 客户进行针对性的业务突破与价值满足。

重要的是，我们能接触到客户的什么层级，比如业务线负责人和 HR 的关键决策者。另外，要分析针对 KA 客户的“切入点”在哪里，确定如何“撕开口子”，并可能占据“制高点”。而分析“切入点”，一般可从业务侧与 HR 侧两个方向进行思考，这里需要分析客户公司对 HR 的重视程度，HR 部门在全公司的影响力与“话语权”。

根据我的经验，KA 客户的决策层往往有如下特点：重视战略，以人为本，重视人力资源队伍建设，在人才运营、人才发展方面做得比较好，且人力相关预算（如猎头费）较高。

我会把KA客户分为两类：

一类是宏观意义上的KA客户。

我曾参与过公司级别KA客户的服务，会有KAM（Key Account Manager，大客户经理）统一对接协调。客户越是“巨头”，对于猎头公司的综合服务能力要求越高，不是一个猎头顾问或者一个猎头团队能够完成的任务，而是需要依靠一个组织的力量。参与服务这样的高级别客户的经历，会大大提升猎头顾问的服务能力。

另一类是微观意义上的KA客户。

在我的行业中，营收在百亿元、千亿元体量的客户屈指可数，那么专注本行业的猎头顾问，可以界定自己客户群中的KA，可能从公司层面没有办法设置专职的KAM，但猎头顾问可以承担这个职责，横向协调公司各类资源，为客户提供更加丰富的产品和服务。

我会让每个客户都觉得自己就是我的KA，让客户感受到猎头顾问的用心和热情的服务；事物是发展的，也许未来的KA就是现在不起眼的一个小客户。

针对客户的情况，猎头顾问可以制订相应的“经营客户”的计划，具体可以包括如下方面：

（1）研究与分析

- 前景调研：对于客户合作的前景进行分析，预测可以达到的合作规模，并制订经过努力可达成的经营目标。
- 设定关键推动器：针对所制订的经营目标，设定关键驱动因素、项目，以及实现的关键路径。
- 关键人物分析：对客户公司内的关键人物进行分析，并确定猎头公司内分层次对接的机制，以及对客户公司关键人物的沟通策略。

• 客户 SWOT：分析客户公司对候选人的优势、劣势、机会、风险，以及与其他竞争对手的比较，以便对客户有更为系统、立体的认识。

（2）规划营收

• 澄清空白区：分析与客户尚没有达成合作的业务领域及岗位，分析可能的原因，比如营销工作不足、客户公司对猎头公司在该领域的优势缺乏认知、客户有其他紧密合作的猎头公司等，并分析是否有可能通过某些方式进入该领域。

• 总结营收潜力：分析公司可能“攻入”客户公司的哪些领域并达成合作，有可能获得多少营收。

• 营收桥：设计从目前到未来某一时间点，公司需要达到的营收目标，包括什么时间点、营收桥延伸到什么阶段、各阶段的业务组合是怎样的——即从桥的这一端是如何延伸到那一端的。

（3）规划策略

• 猎头公司自身的竞争分析：分析本猎头公司面临的竞争状况，有多少竞争对手在与公司“抢客户”，它们的优劣势是什么。

• 猎头公司自身的 SWOT：分析公司的优势、劣势、机会、风险，并与竞争对手情况进行比较，制订公司的竞争策略。

• 确定目标及行动：确定公司的年度目标与准备采取的关键行动举措。

• 12 个月行动计划：针对关键行动举措，确定 12 个月的行动计划，可以做成甘特图，并确定责任人、完成时间。

• 总结与展望：对与客户合作的情况进行总结，并展望未来合作的方向和目标，确定阶段审视的机制。

猎头公司有必要在做好猎头基础服务的同时，开发更多的增值性产品（比如咨询、培训、人才测评等业务），以便给客户提供更多的价值，成为客户的战略伙伴，与客户在中长期战略方向上更好地达成一致。

2. KA客户的管理

（1）客户管理流程

猎头公司应建立KA客户管理的流程，具体包括四个环节、十个维度并有若干举措：

①澄清。

第一，战略。

- 研究客户的业务方向（通过与客户公司高层访谈等）。
- 分析公司如何给客户提供战略层面的建议或支持。

第二，HR。

- 澄清客户集团、各分支机构的需求，以及对当前服务的反馈。
- 盘点公司各条业务线、各分支机构的服务，及时响应客户需求、获取商机。

第三，公司。

- 建立客户档案，积累合作信息及最佳实践、方法论。
- 促进公司或客户新加入的相关人员及时建立联系，增进了解，帮助其快速上手，使双方工作节奏一致。

②协同。

第一，组织（猎头公司针对KA客户的关键人员配置）。

- 集团高管。
- KA客户经理。
- 运营团队领导。

第二，整合。

- 拓展、促进公司跨产品、跨团队协同服务客户。
- 拓展、促进生态伙伴协同服务客户。

第三，承诺。通过项目管理、跟踪、激励机制，确保各团队履行承诺。

③增值。

第一，诊断。利用公司的经验、工具、调研等手段分析、发现、预测客户的问题，提供优化建议。

第二，创新。针对客户的具体问题，与客户联合创新与试验。

第三，分享。

- 新趋势、新操作、新技术、新服务的研究、分享。
- 促进 KA 客户之间的学习交流。

④与客户一致。

价值：

- 支持客户的业务成长、转型。
- 支持客户 HR 提效。
- 支持客户组织能力的提升。

（2）建立清晰的目标

针对 KA 客户，要有明确清晰的财务目标，比如收入指标为多少、比上一年增长多少、占客户多少的猎头业务份额等。

在非财务目标方面，可以考察客户黏性（如开放职位数量与时间、是否独家开放职位、客户是否主动联系等），以及危机公关、长期稳定合作情况等。

（3）客户盘点

一是客户的业务现状，包括客户的经营现状、近期战略规划、主要竞争对手等。

二是客户的 key person，要建立客户关键人员的信息表。

三是客户的需求情况，包括招聘预算、项目花费、主要岗位、核心猎头供应商等。

四是过往客情情况，比如客户对我们的满意点、吐槽点。

（4）猎头团队内部盘点

首先，对于存量数据进行分析，比如已合作的业务、团队收入等。

其次，对团队进行分析，包括团队的核心优势、短板情况，针对短板如何进行弥补；该团队的目标及实现目标的能力，项目交付提升能力等。

最后，要确定与 KA 客户的合作重点在哪些方面。重点可从两个方面进行考虑：一是基于存量，如何解决客户痛点；二是基于增量，如何把机会点放大、加强。

（5）竞争对手盘点

对于竞争对手，主要是学习其优势，并针对其弱点，在客户侧展示我司优势，提升赢面。

（6）运营机制

对 KA 客户要建立运营机制。

首先，在于多维的协同，团队内如何分工，支撑对客户的交付与服务，以及如何对客户的不同层级人员进行关系维护。

其次，猎头团队在内外部的周期性（每天、每周、每月）运营机制也需要建立，比如对内的每天工作回顾、每周工作简报、每月工作总结分析；对外的每天（根据需要）与客户的互动，每周的工作进展汇总，每月的推荐成果与异常分析、应对方案等。

在所有工作中，要注意运营闭环，无论是 BD、交付、客情维护还是情报搜集等工作，都需要有结果跟踪与成果沉淀，才能扎扎实实把工作向前推进。

我所管理团队的运营机制如下：

- 每周一、周二、周五：推荐候选人，市场寻访情况阶段性沟通。
- 每一周：团队对接人与客户方招聘人更新职位进展，严格把关人才的推荐转换率，保证人才质量。
- 每双周：邀请客户参加，和项目组所有顾问沟通职位进展，分享市场总结，确保所有信息和反馈同步一致。
- 每个月：团队负责人与客户方招聘总监做月度回顾，并虚心接受建议与意见，及时优化流程，调整招聘资源投入。

（7）免费提供增值服务

以下是一些可以给 KA 客户免费提供的增值服务，可以根据猎头公司及顾问实际情况进行选择。

第一，招聘实战经验交流。比如对于棘手招聘岗位，与客户招聘团队成员进行招聘经验分享：提炼关键岗位胜任力模型、分配岗位优先级、搜寻人才、与人才沟通。总的来说，就是到哪找人、怎么找人、如何说服人才、如何推进等。

第二，进行本行业或跨行业创新分享。因为顾问接触的本行业相关客户，以及跨行业客户比较多，可以给客户提供一些行业分析的信息，如本行业内某细分领域的发展趋势、最新商业模式、人才流动趋势等。

第三，提供客户竞品公司或对标公司的信息。比如这些公司的组织架构、业务流程和人才动态信息，还可以提供这些公司在人才选用育留方面的经验，如目标公司招聘流程、薪酬福利体系、人才发展与保留计划等。

在与 KA 客户合作的过程中，要做好流程管控。对于人才推荐，要及时、高效，现在猎头之间的 PK，甚至可以用几分钟来衡量差距；对于合作中的职位，每周要做到沟通 1 ~ 2 次；即使没有人选推荐，也要和客户打电话沟通进展，说明自己做了哪些工作，有哪些新的信息与发现，这种沟通有可能会影响客户，使其调整人才寻访的方向。

对客户公司的情况，需要通过各个渠道进行了解，把握客户内部动态（人员、业务变化、战略转移等）。一方面可从更高的战略层面满足客户需求；另一方面可为候选人进行所推荐职业机会的分析，因为只有掌握足够的客户信息，才能更好地发挥对候选人的影响力。

KA 客户管理的成功，一方面源于对客户的理解；另一方面依赖对客户的服务。

3. 高端岗位获取与大单操作思路

每家猎头公司对于大单的定义不同，有些按照收费金额界定，比如收费 50 万元以上；有些按照岗位按照级别界定，比如 CXO、GM、VP 等。

大单的操作不同于标准岗位，有其独特的属性和乐趣。

简单来说，大单要求猎头顾问做好两方面：一是有能力从客户手里拿到靠谱的“大岗位”；二是顾问自身有足够的能力与高管候选人对话并最终交付。

（1）如何拿到“大岗位”

首先，可从现有客户处获得。

通常“大岗位”年薪高、级别高、要求高，这类岗位在 KA 客户中出现的概率比较高，所以猎头公司与 KA 客户的长期合作很重要，前面也提到了一些 KA 客户关系维护的方式方法，这里不再赘述。

我想强调一点，只有跟客户“肩并肩爬过雪山”的猎头，只有经过一次次的项目被证明有能力的猎头顾问，客户的“大岗位”才会第一时间想到你。

另外，基于合作的深入，有时候猎头顾问可以主动推荐一些高端人才，我通过这种方式也成了不少大单。

其次，听到岗位商机后可以反向开发客户。

通常来说，一个对你丝毫不了解的客户，是不会把很重要的“大岗位”交给你操作的，因为怕搞不好砸了客户的招牌。这个时候，比较好的方式还是找熟人引荐，有机会和客户见面后再具体介绍你做大单的优势和成功案例，这样比直接找上门的效果好。

最后，通过公司内横向协助。

一些大的猎头公司，可以通过各个团队之间合作的方式，来共同支撑客户的“大岗位”。这时候，每个猎头顾问都有自己特定的资源，只要有一个比较健全的协作机制，这种方式可以提升公司的整体交付成功率。

而小型猎头公司，可以做“猎头联盟”，大家资源整合、共享，也有利于促进整个猎头行业长期向好。

（2）拿到岗位之后如何实现成功交付

百万以上的大单，才是真正考验猎头顾问实力的时候，这种岗位拼的不是速度，而是你和候选人谈得多深入，这种深入包括你对行业的理解、对企业的理解、对候选人核心诉求的理解，以及对“眉眼间”的信息抓取与应对能力。

下面介绍一下我在为某企业访寻创意总监与 CMO 岗位的成功案例。

这家企业是行业内一家知名公司，近几年品牌转型比较成功，甚至会在很多 MBA 的案例中提及，而且在市场的销售表现有目共睹。

企业目前已经到一个非常重要的战略发展阶段，迫切需要那些“见过好东西”的创意人才把品牌带到新的高度。因此，客户提出需要招聘有顶级奢侈品背景的创意总监的需求，而这些人基本上是外国人。

说实话，最开始我很担心，通常外国人到民营企业会遇到两个比较常见的问题：一是品牌是否有足够的吸引力能请到“大牌”的人；二是民营企业是否有这样的“土壤”为外国人营造可以生存的环境。

但是考虑到客户有钱、业绩好，最重要的是我能感受到客户对人才的渴望和迫切程度，并且有开放的心态，认为这件事情靠谱，可以专心去做。

这个案例的整个交付周期将近 5 个月，最大的难点就是候选人三番五次地拒绝，这是一个“no - no - no”，N 个 no 最后 yes 的过程。

接到岗位需求之后，我快速锁定了一个目标人选，是平时做岗位 mapping 储备的优质人选。他之前有很稳定的“大牌”经验，近两年在中国工作，所以在搜寻候选人这个环节做到了快速精准，这也得益于平时岗位操作的深度垂直。

因为我和这位候选人前期有一定的信任基础，所以提到这个机会的时候，他和我表达的是：自己刚刚和现在的公司续签了合同，但谁也不知道未来如何，聊聊是可以的。所以，前期的联系和推荐还是比较顺畅的。

客户看了候选人的简历和作品集后，可以说是“一见钟情”。自从遇到了这个候选人，其他人都没办法入客户的“法眼”。

尴尬的是，候选人第一次和客户公司 HRD 见面聊完之后，直接回绝了这次机会。我和客户一起在协同说服候选人方面花了非常多的时间。

总结下来，这个过程大概分为两个阶段：

第一阶段是猎头主导，最终的目的是说服候选人到公司总部去和创始人见面。

因为候选人在第一轮面试之后和我说了很多他对这个机会的顾虑，有些顾虑在前期是可以解决的，那就和客户沟通解决好，比如地点问题；但候选人有些顾虑，只有创始人才能解决的，比如企业要改变的决心，类似这种顾虑就一定要让候选人见到创始人去自己感受，可能才会有希望。

所以，为了促成见面，那段时间我经常发送一些企业的新闻给候选人加深印象，当提到与创始人见面的时候，候选人还是拒绝了，说不想浪费大家的时间。后来，可能被我的执着感动了，他还推荐了之前在奢侈品的老领导给我。

实在没办法，我去找了候选人的女朋友，跟她大概说了情况，希望她可以帮忙说服候选人安排时间见面。同时，客户一直在暗中支持我，比如我提出是不是可以以行业交流的方式先与企业创始人见面，是否可以安排一辆专车接候选人到公司等，客户也非常配合，最终这次见面安排成功了，大概用了两个月的时间。

不出所料，创始人见到这位候选人也是非常欣赏，从上午一直聊到下午，中午共进午餐，亲自带候选人参观企业的博物馆，而且还送了两件高端产品线的衣服给候选人。

这个时候，候选人态度有所转变，但仍在犹豫。

这也就到了第二个阶段，客户主导阶段。

由于候选人已经和公司高层建立了联系，所以我和客户达成一致，由客户公司 CEO 亲自推动，客户也拿出了非常大的诚意，最终这位候选人成功入职。

在这个过程中，我还在跟进另一个人选，就是那位候选人推荐的前领导。我看了其背景，也觉得很“赞”，是客户需要的人才，只是不适合创意总监的岗位。我盲推给客户，客户面试后也觉得很不错。最终的结果是两人一起成功入职了。

通过这个案例，我也有一些总结和思考：

第一，优质人才的持续积累很重要。功夫要用在平时，把“子弹”准备好，关键时刻才会比竞争对手更快、更准。

第二，候选人推荐是一个很好的渠道，但找谁推荐很重要，优秀的人才接触的人才，往往也很优秀。

第三，了解不同候选人的个性特征，找准痛点“对症下药”。

第四，要深入了解客户目前的发展阶段，遇到优秀人才创造机会去主动推荐。

第五，珍惜人才的客户更值得合作，这个因素在选择客户中，甚至比费率、岗位难度等因素更加重要。

4. 长期维护客户关系的6个方法

从本质上说，猎头与客户的关系，其实是一种伙伴关系。

那么，如何评价猎头与客户的关系呢？可以通过以下四个问题进行判断：

①客户是否会主动联系猎头顾问，联系的频次如何？

②客户是否会把未完全明确的岗位需求提前告知？

③客户为吸引候选人，是否能够给顾问提供一些内部信息（如面试官风格、内部人员调整安排等）？

④客户是否会提供准备出offer前的各种非“官宣”信息？

如果客户与猎头顾问之间的互动，可以达到以上四点，那么这段关系可以算是很稳固的关系。

如果猎头顾问没有达到以上几点，又该如何打造与客户之间的亲密关系呢？

能做到如下几点是比较重要的：

（1）没有结果，先交付态度

在一件事情还没有结果的时候，一定要先交出你的态度。有的时候，岗位可能比较难搞定，人选也少，再加上行业领域比较小众等原因，致使猎头顾问不能及时交付，或者很长时间也没有给客户一个结果，这时猎头顾问应该体现自己的执行力，告诉客户做了哪些工作，有哪些过程成果，并倾听对方的建议，这都是一种态度。

猎头顾问要找到与客户最佳的沟通方式，比如有的客户喜欢用微信，有的则喜欢用“钉钉”，有的喜欢直接电话联系，要尊重不同客户的不同沟通习惯。沟通时还要思考选择哪种话术方式，可以让对方感到舒适、易接受。

（2）利用一切能利用的场景

关注客户的动态及喜好，比如在网上看到一些新闻是跟客户的公司相关的，猎头顾问可以转发给客户，让客户感知到你是一直关注他们的……保持这种动作，就有机会引申出更多与客户交流的话题与机会。

（3）想客户之所想

客户当前最关注的是什么？他想你推荐什么样的人？你能帮他解决什么问题……这些都是猎头需要明确的信息，要深度洞察客户所需，想客户所想。

（4）要有前瞻性思维

企业的生命周期分为创业期、成长期、稳定期、转折期、变革期等，我们要判断客户目前处于什么时期？

因为在不同的时期，客户对人才的需求是不一样的。猎头要具备前瞻性思维，判断客户目前和即将步入的周期，提前做好人才布局。

（5）要能帮客户解决问题

有着超强的应变能力与问题解决能力，能帮客户解决各种难题，这样的猎头顾问最容易获得客户信任，并让其产生一定的心理“依赖感”。

当客户遇到工作上愉快或不愉快、顺心或不顺心的事情，都愿意与你分享，想听一下你的意见或建议时，你就已经进入他的好友“核心圈”了。

猎头顾问要成为客户专业上的“问计”对象、工作上的合作伙伴及私下里的“知己良朋”，保持定期沟通，能给客户支持和专业建议，在一定程度上能影响客户的决定，真正帮到客户。建立客户对我们的信任，我们才能更多地影响客户，配合顾问的工作，使彼此的合作更加顺畅。

维护客户关系最核心的就是服务，而良好关系的关键，就是要让你的客户有极致的服务体验。以下是提供极致服务体验的做法：

- 客户第一：让客户感受到你对他的关注。
- 敏捷响应：在与客户沟通时响应要快。
- 实时战略：要及时更新客户所处行业的信息。
- 服务艺术：一定要有真诚的态度。

（6）建立长期的情感账户

猎头顾问与客户的关系本质上是伙伴关系，它的特性是共生共赢。我们要伴随客户的每一个发展周期，所以有必要建立一个长期的“情感账户”，做到“有存有取”。

客户交给你一件事情，你完成了，这是“存”；客户有失误，或者交代不清楚的情况下，不去责怪客户，这也是“存”。当客户意识到你因他的失误造成工作不便时，这相当于“存”了双倍。

当猎头顾问遇到一些不可控的因素，导致没有及时反馈客户，或是在工作中犯了一些小失误给客户造成不便时，这是“取”。

“存”要一直大于“取”，这样你与客户关系就可以维系得很好。

在推荐人选的过程中，应该抱有的态度是：为双方创造价值，而不是只考虑自己的提成。

要学会顾及别人的感受，不要越级汇报，猎头对接的是谁，信息接口就要从谁那里来，这样对接人也会帮你说好话。当然，一个公司要多认识几个人，因为HR也可能说谎。

要走进客户的生活中，婚丧嫁娶，逢年过节……要有朋友式的问候。

信任是通过坚持逐渐建立的，如果是“来去一阵风”，是无法建立深入信任的。

5. 如何应对客户的特殊需求

猎头通常会碰到一些客户的特殊需求，需要有技巧地应对，在不伤害与客户的关系基础上，争取对自己有利的条件。

（1）客户提出超出你手里现有资源的需求，是否需要争取达成

对这个问题，是否可以接这个需求，要区分不同的情况，有不同的判断标准。

对于可以接的标准就是：“这个客户是不是你战略定位中的关键客户？”

首先，从长远来说，是否可以给予更多的单子和利润？如果对客户进行分析，顾问判断客户与自己所在猎头公司的发展定位一致，可以接单并调动公司内人力全力去完成，建立客户的信任，为发展长远的客户关系做铺垫。

其次，如果猎头顾问手中的单子不多，缺少业务，也可以暂时做，但并不是花费大部分精力来做。

另外，如果对方 HR 值得长期合作，也可以接，主要是为了保持长期的合作关系。

对于不接的情况，有如下特点：

- 此客户并非公司目标定位的长期发展的客户。
- 单子本身质量也不高，后续需求也不会很旺盛。
- 目前自己的业务很好，人手不足，可以考虑不接，但是客户关系要维护好。

（2）老客户没有向猎头顾问开放职位，如何维护客户关系

首先，猎头顾问要确认老客户没有给自己职位，是真的没有职位开放，还是有开放的职位但就是不给自己做。

如果确实没有开放职位，顾问要定期保持联系。比如：

在专业关系层面，周期性分享行业动态，如人力资源行业报告、薪酬报告、客户所在行业的竞争对手动态等，让客户一直感觉到猎头顾问的专业性，以及一直在他身边。

在私人关系层面，可以定期约出来喝茶等，保持轻松的、长期的私人关系。

其次，如果通过各种渠道了解客户是有开放职位的，只是没有给自己做，就要复盘以往与客户的合作是否顺畅，是否存在客户不满意的方面。如果是因为客户不满意引起的，要争取了解到真实的原因，以便做出调整或改进。

另外，猎头顾问也可以做二次BD，调整服务此客户的策略，提高专业性，重新让客户建立对自己的信任。

（3）遇见客户内耗的情况（比如客户HR与直线经理），有什么方法可以应对，从而不影响自己接手的案子

我们经常看到，猎头顾问推荐的候选人，客户方的HR和直线经理的意见不统一，也许是候选人本身的问题（存在某些争议之处），或者是由于HR与直线经理有矛盾，意见无法统一，故意僵持。

如果事情已经发生了，顾问可以多从HR方面去做工作，说服HR从大局出发，不要跟直线经理过多争执，引导HR看到长远利益，转变HR与直线经理争执的心态。

其次，了解此公司的内部架构与企业文化，权衡HR与直线经理哪一方在公司的地位更具有决定性。如果直线经理占主导，就尽量说服

HR；如果 HR 在公司更有话语权，就尽量说服直线经理。

可能的话，尽量提前预防此类问题的发生。比如在接 case 前就做好职位分析工作，并且在进行候选人推荐之前，就了解清楚该公司内部组织架构与关系，结合 HR 与直线经理双方的要求，尽量推荐能满足双方需求的人员。

有一点是比较忌讳的，就是越过 HR 与直线经理直接与客户公司高层接触去解决问题，这会引起两方的反感，就算是从上而下的“压下来”，解决了问题，但是接下来的工作会很难开展。

（4）当 HR 自己对职位的需求都一知半解，却又不能直接找直线经理访谈时，该怎么处理

首先，猎头顾问需要确认 HR 不想我们直接与直线经理访谈的原因是什么。

- HR 觉得没有必要，他自己就能确定需求，可以负责任。

对于这种情况，可以向 HR 说明为什么要找直线经理访谈，并略微给 HR 施一点压，说明如果我们不能跟直线经理沟通，就不能确切了解职位要求的细节（如专业层面的要求），找人的准确度可能会有偏差，会影响整体的进度。这会影响 HR 本身招聘指标的完成，达不到 HR 对效率和质量的要求，对他也不利。

猎头顾问还可以举一些过往顾问接触过的案例以便说明，比如之前做的案子中，前期没有和直线经理沟通，结果进行得不顺利，后来跟直线经理沟通后就有了准确的定位，很快找到了候选人。

- HR 觉得顾问不够专业，觉得顾问直接跟直线经理见面效果不好。

如果是这个原因，猎头顾问就要提升自身的专业度，给 HR 信心，或者由比自己更资深的顾问来做 HR 的工作，达到与直线经理沟通的目的。

- 有些 HR 比较初级、资历较浅，本身就怕和直线经理接触，怕被挑战。或是招聘的职位比较敏感，不方便让顾问直接见直线经理。

这种情况需要一些时间来解决，顾问要辅导HR如何与直线经理沟通，说服HR给我们与直线经理沟通的机会，HR也可以一起参与沟通。

（5）猎头顾问与客户沟通不畅的情况怎么处理

首先，作为专业的顾问，应该具有针对不同类型的客户，都能够调整自己的沟通方式，配合客户需求的能力。

如果客户和HR双方都很难调整适应，要看是什么原因让大家感觉沟通不畅，如果有误解，要找机会私下调节。

如果是因为顾问专业度方面，客户提出质疑，就要提高顾问的专业度，同时猎头公司内调配符合客户要求的专业顾问，一起协助来维护该客户。

如果顾问对客户有质疑，觉得客户质量不高、挑剔、费率低，讨厌HR的做事风格等，就要帮助顾问调整对待客户的心态；如果确实很难适应，也可以给顾问调换客户。

但是，对客户挑剔的顾问，很难说对其他客户就不挑剔，其心态总归是有问题的，需要进行辅导，否则很难成长为专业的猎头顾问。

公司还要采取一些预防措施，在初期分配顾问与客户的搭配上，要提前了解客户的风格及顾问本身的风格，像帮助客户挑选员工一样，找风格最匹配的顾问和客户合作。

公司也可以在顾问没有正式维护该客户之前，先让顾问做该客户的单子，但是不负责主要关系维护工作，通过非正式的方式使双方有所了解，比如拜访客户的时候，或者私下吃饭、娱乐带着顾问一起，先铺垫好关系，看看双方对彼此印象的反馈；如果没有不好的反馈，就可以尝试让该顾问维护该客户。

（6）当推荐的人选是客户HR“老东家”的人，是否推荐

如果决定推荐，就需要提前做好“心理建设”，大概率HR会告诉你“这是我的人”“在我这边合作的猎头，推荐我老东家的人不合适”等。顾问要提前把这些问题想好，避免和HR沟通时临场失措。

我的建议是“有失必有得”，这单即使不算你的，也会有其他收获：第一，HR觉得欠你一个人情，以后会更加照顾；第二，可以提出你之前不太好说的要求，比如“以后优先考虑我推荐的人选”“尽快安排我的人选面试”“有好岗位优先给我”“给我独家岗位”等，具体的尺度需要自己拿捏。

（7）候选人入职后，客户在付款上“耍赖”怎么办（危机处理）

相信很多猎头顾问都会碰到这样的情形，虽然很遗憾遇到这样的客户，但只能硬着头皮去应对，这个过程是很折磨人的，是需要勇气与智慧解决的。

我在猎头生涯成交的第二单（第一单客户直接不付钱）就碰上了这样的客户。我推荐的候选人已入职，在与客户确定服务费金额准备开票时，客户竟然不承认当初签订的合同点数，要求按照他们的统一合同模板重新签订合同，并按照新合同标准付款，算下来少了一半的服务费；并且HR态度强硬，丝毫没有商量的意思，直接就是命令。

初入猎头圈子的我当时很气愤，但很快冷静下来，只是给HR简单回复了一句“晚些聊”，就没有继续聊下去。因为当时大家都在情绪中，给双方一些时间，先稳定情绪再处理事情会更理智。

我梳理了整个解决问题思路，以及遇到什么情况要如何应对。第二天上午，我约了HR进行电话沟通。

在第一轮沟通中，我表明立场，合同签订之前，经过双方法务审核并且猎头顾问把核心条款单独强调过，现在说当时没有细看合同，接受不了条款，这本身是对方的过失；但经过了这段时间的磨合，已经成功交付，形成了一定的默契，我表达了自己的立场是希望继续合作，并给予HR理解，知道HR没办法跟公司交代，会帮助HR解决目前的问题；

但理解不代表妥协，HR可以把实际情况和老板汇报，客户内部先商量一个解决方案然后再沟通。

我在与HR的沟通中，也表达了猎头和HR是利益共同体，对于猎头来说不差一个客户，但这件事情会影响HR在老板心中的形象。同时，我盘算好可接受的最低条件及几种情况的应对。

隔了几天，HR又联系了我，反馈内部沟通了一下，老板也比较看好候选人，费率做了特殊的审批，继续执行原合同。

在处理这个案子的过程中，我进行了反思总结：

①要学会包容别人的错误，帮助别人弥补过失，但要让对方以此为戒；面对问题，不畏惧问题，在处理问题中总结经验。

②遇事冷静，不要被情绪左右，要相信任何问题都有解决的办法；眼光放长远，不要计较眼前的小利益。

③要让客户清楚猎头也是有底线的，和客户把事情的内部逻辑分析清楚，也表达出希望大家抱着长期向好的态度解决问题。

第 6 章

人才地图：猎头顾问的“作战地图”

在激烈的“人才争夺战”中，猎头与企业HR都在抢占人才，谁先找到人才将获得“先手”，在人才寻访过程中，“快且准”是最重要的。

很多企业关注自身产品和其他产品的竞争，但产品的背后，无论是渠道还是创新，其实都是人才在驱动，所以从根本上说，我们要从源头上把握人才，人才地图（talent mapping，以下简称 mapping）就显得越来越重要了。

《把招聘做到极致2：灰度招聘全攻略》专门有一个章节介绍绘制人才地图的方法与心得，但更多的是从企业（甲方）的视角，以企业战略为出发点。

从猎头（乙方）的角度来说，mapping 是指猎头顾问通过一定的方法找全“目标人群”，进而掌握其基本信息的过程。目标人群是指散布各个公司的特定人群，他们或者同属于一个细分领域，或者具有同一种职能（如研发），或者处于某一特定的 level（如总经理）。

1. 猎头为什么要做人才地图

从短期价值看，人才地图能够让猎头掌握市场上人才的数据、信息、状态等内容，即使现在不需要这样的人才，长期来看也可以作为人才的储备数据库。

在调研、绘制人才地图过程中，有时我们会遇到一些原本不了解的优秀人才。尽管不会马上考虑使用，但是我们有了人才信息之后，对于这些优秀人才长期的跟进也就变得有可能。

从长期价值看，人才地图能够帮助猎头顾问清楚地对行业的目标人才群体有一个全貌的了解，进而合理地制订人才寻访和推荐计划。

越来越多的猎头通过构建人才地图来助力人才寻访，有效的人才地图帮助顾问更全面、更精准、更高效、更低成本地找到合适的候选人。

有了这样的地图，就像作战时有了一张部署精准、结构缜密的作战图，我们对整个行业的人才做到心中有数、了如指掌，才能运筹帷幄、决胜千里。

2. 人才地图的绘制方法

Mapping 即绘制人才地图，是猎头行业的专业术语。通过有效的 Mapping，能够帮助顾问“地毯式”地搜寻人才，可谓是人才寻访的有效工具。

做 Mapping 可大可小、可繁可简，主要根据个人需求和实际情况而定。在我的实际操作中，把 Mapping 分为了三类。

第一类：行业 Mapping。

行业 Mapping 是对某一行业整体情况的盘点，包含若干行业信息：行业发展历程、市场容量、产品分类、发展现状、行业痛点、行业标杆企业等。

其中，最关键的信息就是行业标杆企业，猎头顾问需要对行业内的企业组成有一个宏观、整体的了解和把握。每个行业中所包含的企业数不胜数，为了更有逻辑和条理地做 Mapping，我会把企业按照不同的梯队进行划分：

第一梯队：行业 Top 型企业。它们是行业的标杆，具有良好的盈利能力、成长能力，经营管理规范而有序，有着比较好的“护城河”。这些企业是猎头顾问应重点关注的对象。比如在服装行业中，规模在百亿元以上的企业，有良好的市场表现，又会有比较大的商业动作（如收购与兼并）等。

第二梯队：细分领域 Top 型企业。这些企业可能体量不是最大，但它们是细分领域的佼佼者，拥有众多“粉丝”的追捧，有自己的核心竞争力，有着行业识别度，这类企业也是我们 Mapping 的目标。

比如时尚行业中，按品类可以分为男装、女装、童装、鞋履、配饰等，按风格可以分为运动、休闲、潮流、都市、商务等。每个分类中都有典型的企业代表，这些企业的优势各有不同，也有着各自成功的因素，是值得我们学习研究的。

第三梯队：黑马型企业。这类企业是动态变化的，我们需要更多地关注其动态及市场表现，在同行人的“口口相传”中把握他们的业绩和发展潜力。这类企业在某些阶段可能会成为我们关注的焦点。

例如服装行业中有一些设计师品牌，他们有自己独特的 DNA 和产品风格，客群也许比较小众，体量可能不大，但在行业里认可度很高，有很好的盈利能力。

上述几个类型的企业，既可以成为你的潜在客户，也可以成为你深度挖掘的目标，可结合猎头顾问当下的客户情况，做具体的业务筹划。

第二类：公司 mapping。

公司 mapping 是对公司整体状况的盘点，包括公司的基本经营信息、创始人与管理团队、公司发展历程、公司产品、业务分布、商业行为、近期大事件，以及组织架构、岗位设置、企业文化、薪酬福利等人力资源相关信息。如有必要，对公司内的业务流程、管理流程也可做一定的梳理。

最重要的是组织架构图，特别是猎头顾问关注的那一条业务线的组织架构图，包括部门与岗位设置。无论是顾问要去做 BD 还是给候选人推荐职位，都要了解目标公司的组织架构。即使是为了解候选人目前在某公司的工作情况，也需要对其所在公司的组织架构有所了解。所以，对公司做 mapping 是非常有必要的。

在目标公司的选择方面，包括公司体量、候选人质量两个方面。

梯队一：行业中 Top 10 的企业，候选人质量上佳，可以说是人才济济。

梯队二：公司体量不错，处于行业 Top 10 ~ 20，候选人质量较好，还有不少潜力人才。

梯队三：公司体量尚可，处于行业 Top 20 ~ 50，候选人质量参差不齐，但不排除有优秀人才出现。

具体操作上，可以从第二梯队的企业入手。

建议从“画”一家企业开始，到“画”出所专注的整个行业，“画人才地图”的本质在于了解谁在哪个岗位上，干得怎么样。这需要和大量候选人沟通，并持续保持对候选人的跟进和了解。

公司 mapping 就好像是中医看到了人体的结构与经脉穴位，知道这些才能精准定位与治疗。

在这里与大家分享我是如何完成一套完整的公司 mapping。

首先，是针对某一个公司的组织架构 mapping。

可以通过熟人和网络信息搭建出一家公司组织架构的大致框架，哪怕框架不确定，也要先画出来。在初期阶段可以通过该公司中自己熟知的朋友或候选人去问出大致的组织框架。所谓大致的组织框架是指分几个职能部门、几大事业部等。

这时候搭建的组织框架不需要考虑准确性，是给到自己一个大概念，至于准确性，在顾问后期随着与候选人沟通数量的增加，有很多时间可以去修正和完善。

如果没有熟知的候选人，可以通过人才网站上一些敏感度较低的部门的候选人，去获取初步信息。通常情况下，职位不高的候选人更愿意分享信息。

有了初步框架，开始填充信息，分部门自上而下地细化该组织架构。为什么是自上而下进行细化，这是因为“纲举目张”，组织架构越往上越靠近“纲”，越往下越靠近“目”，只有把“纲”拎清楚、拎对了，“目”才容易张开。

第三类：岗位与人 mapping。

岗位与人 mapping 针对的是目标公司的目标岗位及担任该岗位的人员，包括公司内有多少个这样的岗位、这个岗位在公司的什么部门、在这个部门组织架构中的位置、工作职责是什么、KPI 是什么，以及这个岗位上有多少人，这个岗位的上级、下级、平级，以及岗位职级与薪酬水平等信息。

所有的 mapping 都要落地到个人信息上，因为 mapping 的最终结果是积累自己人脉的厚度，所以在 mapping 的过程中一定要明确想要得到哪些个人信息。

那么，要收集哪些个人信息呢？

包括姓名、电话、工作履历，在目前这个岗位上的汇报对象、下级人数，工作了多长时间，工作绩效表现如何，还有其薪酬水平和结构、职业发展瓶颈、离职意愿、求职动机强弱，甚至可以了解其家庭成员情况、家庭住址等。

猎头顾问可以在整合这些信息的基础上，得出与候选人沟通职业机会的思路；最重要的一点是候选人的动机，一个人无论在职还是离职，都有他的动机，他为什么选择留在这家公司。只有摸清楚了候选人的心态，才能与其沟通更多的事情。

先找到目前组织架构下的人员，然后思考如何在这个基础上进行延伸。比如还可以了解这个岗位的继任者是谁，前一任、前两任是谁等，这些人选的信息都可以进一步挖掘。

另外，找人要有梯队性，可以先找第一梯队和第二梯队的候选人，找完这些候选人之后，可以再找第三梯队的候选人，以及“跨界”的候选人，这就类似玩“扫雷游戏”，打开更多未知世界。

猎头顾问可以对目标公司所有岗位进行“地毯式”的搜索，以便获得全景的了解；也可以对行业内所有或大部分公司某一个关键岗位进行分析，即客户公司希望猎挖的岗位（比如市场总监、研发总监），在行业内这个目标岗位人才有多少、地理位置如何分布；这些岗位上人员的资历和背景、工作职责、绩效状况、能力状况、薪酬水平、跳槽意愿，甚至包括对客户公司的看法、是否有意愿加入等，都可以放在人才地图的内容里。

那么，如何发现关键人才，找到为公司真正创造价值的人才——我们的寻猎目标呢？

一个实用的方法是：重点关注企业运营中的重要决策节点，深入挖掘这次有价值的决策是谁做的，其中谁发挥了重要作用，这些人的级别未必是最高的。

拉姆·查兰在《识人用人》一书中提到：“关于识别培养关键人才，需要遵循 2% 法则，将那些为数不多但对组织整体影响巨大的人列入名单，对他们给予足够的重视。”

猎头顾问管理优质候选人同样可遵循 2% 法则，将那些为数不多但对业绩影响巨大的候选人名单列出来，重点建立和维护关系。

当然，以上提到的行业、公司、岗位与人 mapping 信息，有的是可以通过网络信息搜索获取的，有的是根据与行业人士及候选人沟通得到的。猎头顾问需要依靠“碎片化获取”的方式积累起相关的信息，最后形成一个比较完整的人才地图。

人才地图的呈现方式有很多，可以是 Excel、Word、PPT 等，思维导图也可以，猎头顾问可以根据自己的操作习惯进行选择和使用。

3. 绘制人才地图的关键行动

（1）收集目标企业公开信息

首先，可以从专业渠道收集相关信息。

- 上市公司的季度报、半年报、年报。
- 待上市的招股书。

- 未上市公司，可以通过企查查、天眼查等。

其次，可以从公司官网和招聘网站了解。

- 官网往往有公司发展历程、分支机构、企业文化、创始人及高管、企业动态的介绍。
- 猎聘、BOSS直聘、拉勾网、前程无忧、智联、领英等会有公司的公开信息。
- 行业报道或新闻采访。

（2）建立“信息情报网”

我是从目标公司网站、外部招聘网站、猎头公司人才库系统、公众号、朋友圈、新闻等渠道获取信息。

线上渠道可以使你第一时间了解到行业动态，尤其是从目标公司网站获取的最新信息，让你在第一次和候选人沟通时有话可聊，以便得到更多有用的信息。

除了线上渠道，猎头还需要从线下渠道收集更多有“温度”的信息，特别是通过目标公司内的熟人去获取信息。

- 目标公司的候选人。

通过候选人面试收集目标企业信息是一个便利且有效的手段。

在实际面试中怎么做呢？我们面试一个候选人的时候，就可以问：你们公司的组织架构是什么样的？您的上级是谁，叫什么名字，如何联系（看具体情况而定）？您管理的下属团队有哪些人，如何联系（看具体情况而定）？

- 企业HR。

猎头顾问如果跟企业HR见面，一定要善于从对方那里获取信息，比如可以这样说：“听说你们公司最近调整了组织架构，一些管理层也调整了……”

猎头顾问一定要有“试探情报”的好奇心，并展现出这种习惯性的动作。

- 企业高管。

如果猎头顾问有机会接触企业高管，可以和高管交流一下行业动态信息，高管会比 HR 掌握更多的行业信息，因为他的“圈子”会更有价值。

如果有机会，顾问可以经常跟企业高管做一些访谈或聊天，了解他们的关系，并邀请高管参加一些涉外的活动，比如协会、论坛等，帮助他扩展人脉的同时，自己也扩展了人脉。

- 行业交流平台及群组。

猎头顾问还要学会“共享交换”。业界有很多猎头交流的平台、微信群，以及 HR 沙龙、论坛与交流群等，可以选择加入一些行业的交流群，并参加一些现场交流的活动，一方面可以获取人才的信息；另一方面可以适时传递岗位信息。

- 接受背调的业务部门人员。

猎头顾问经常需要给客户企业做候选人的背景调查，除了候选人自己提供的人员（可以把这些人员纳入自己的人才库），猎头顾问还可以拨打公司的电话，请公司的前台转到候选人以前工作的部门主管或同事，然后在做背景调查的过程中，了解该业务部门主管及核心员工的信息，进而建立联系，也许成为自己后续获取人才的突破口。

记住，做背景调查是获取人才信息很好的渠道，而且是“师出有名”“堂而皇之”的渠道，所以猎头顾问要学会把背景调查变成人才信息获取的方式。

（3）找对人，有技巧地获取信息

我在实践中体会到，线下渠道可以得到最新最全的信息，候选人知道的信息往往都是网上查不到的，但是一定要反复询问多个候选人，来验证提供的信息是否准确。

猎头找对人很重要，应该找谁去问信息呢？

纵向上说，一个部门中职位不是特别高的人，更愿意跟你分享信息；横向上说，挑选那些敏感度较低，或者知道公司情况较多的职能部门，比如销售部、综合办公室等。另外，离职不久的候选人，也比较愿意分享原公司的信息。

找对人之后，聊对话题也很重要。猎头不要总以“你看不看机会”为开场白，尤其面对那些高级、资深的候选人，容易“把天聊死”。

我的做法是：介绍自己是哪家猎头公司的，负责哪个领域；了解一下对方最近的工作近况；分享一些行业的动向……设计好问题的逻辑和问法，由大到小，由笼统到具体，从看似没有“营养”的话题开始，减少对对方的压迫感，让对方放松与信任，再逐步涉及敏感的话题与具体的细节。

如果能做到以上几点你在候选人那里就会得到更多有价值的信息。

在与候选人沟通中要“有来有往”，不要仅仅是向对方获取信息，还要给候选人带去有意义、有价值的东西（职位信息、市场情况、其他公司情况等）。要建立“平等互换”意识，通过隐形的“交换”来获取自己需要的信息。

在沟通的过程中，猎头顾问可以将推荐的职位情况和候选人自身的信息穿插进行，如顾问推荐的岗位带 10 个下属，就可以问候选人现在带几个下属；顾问向候选人介绍了拟推荐公司的组织架构后，可以问候选人与目前公司的组织架构有什么异同，并问他觉得哪种组织架构更好。

面试后，也要把握时机问出其他信息，如：“你的上司怎么样？你们团队有多少人啊？我一起帮你看看。”

关键候选人是很宝贵的，不要白白浪费，有了朋友情感后，再通过关键候选人去了解该公司的具体情况，做人才地图就变得很容易。

所以，要多和候选人面谈，从面到点、从上到下，要用已知的东西去引导出未知的东西，让候选人帮助你“锦上添花”，然后不断核查印证。

对于猎头顾问所专注的领域，只有当目标人才群体的沟通覆盖率

90% 以上时，你才算完成了这个领域的 Mapping（人才地图），才有可能真正把这个领域的职位做好。

我推荐通过社交方式获取候选人信息。

以前很多猎头都是通过打 Cold Call（陌生电话），通过公司前台联络到目标候选人，但这种方式随着时代的发展已经越来越不适用了。

一来现在很多企业已经不使用固定电话了，这样就不存在用公司总机转分机的动作了；二来在公司内接听陌生电话，特别是固定电话，很多人都会保持警惕、不信任且有抗拒心理，直接挂掉电话的概率非常大。

所以，打公司前台电话的应用空间已越来越小，而随着各种社交网络的兴起与普及，职场人士对社交方式的接受度，社交招聘越来越盛行，最好的方式就是通过社交的渠道去获取候选人信息。

无论找哪个公司、什么层级的人，都可以先找到这个公司相关的人，然后请他介绍其他人，最后一定可以联系到猎头想联系的候选人。

在推荐人中，可特别请一些高端候选人的朋友推荐，因为这些候选人的层次、视野、交往范围决定了其推荐人选的质量也会比较高。

猎头顾问可以参加行业峰会，把收集到的名片进行汇总，然后通过邮件进行详细的自我介绍，进而建立联系，争取进一步的合作机会。

猎头顾问可以从业界新闻中获取信息，业内会有一些公众号或公司的官方网站、官方微博，上面经常会发布一些“重磅”消息，其中也会提及一些高管人才。

充分利用领英（LinkedIn）去挖掘高端的人才，但要注意把领英的联系人及时转化到日常的沟通渠道中，比如微信、QQ 等，这样沟通更便捷，易于建立更紧密的长期关系。

使用领英时，在个人页面有时会看到前同事为这位候选人写的推荐信，要留心写推荐信的人，也许这个人是更适合的目标候选人。我曾在领英上联系一位高管，但背景和经历匹配现有的岗位有些困难，而这位高管的领英页面显示前领导的推荐信，于是我找到了这位前领导并主动影响他看看新机会，结果他和推荐的公司谈得非常顺利，最后成功入职了。

（4）循序渐进，不断完善刷新

各种做人才地图的方法需要灵活运用，并按照一定的逻辑顺序逐步完善。以如何问清楚目标公司的组织结构为例：

①查询信息：去官网、论坛、百度文库等查找组织架构图。即使是非常粗略的目标公司的组织架构图，只要能被查到，就可能为你所用。组织架构图至少能让你有方向感：要找的人可能在什么部门，哪些部门可能与这个部门关系密切。

②求助学习：找前辈、领导学。他们对于这个行业、对于这些公司通常都比新人了解，他们对组织架构的了解总比你清楚。问一问，可能答案就有了；即使没有那么精确，但也比一无所知要强。

③寻找线人：找候选人。一旦你确定了目标候选人的可能分布，如就在三四个部门中，你就应该尽量从每个部门中都找出人来。注意，找的人越多，问清楚的概率就越大，提早问到的概率就越大。

④交叉询问：问这些找出来的人团队的情况，与他们平级的团队的情况，注意要交叉询问。

⑤反复核查：核查并再次确认。当你觉得自己把目标公司的组织架构图问出来了，一定要再找人问一问，核查一下有没有问题。

组织架构在人才地图绘制中起到核心作用，可以说“人才地图≈组织架构”。

猎头顾问要充分认识到组织架构的重要性，并在和候选人电话或见面沟通的时候搞清楚其所在部门的组织架构，比如他们的部门究竟有多少人，每个人负责什么职责。

我有一次非常幸运，在 Mapping 一家目标公司时，这家公司刚好是我一位非常要好的朋友的前东家，可以直接拿到带有人名的组织架构图，接下来要做的就是联系目前在岗位上的人选即可。

不管是画人才地图，还是画组织架构，功夫还是在平时。猎头顾问平时就要多积累行业人脉，增强自己询问组织架构的意识，多了解职能分工，加深自己对行业、职能、岗位的理解。只有自己的基本功扎实了，才可能事半功倍地完成人才地图绘制的任务。

人才地图绘制完成之后，因为人才地图是死的，人是活的，人在不断地变换，所以地图也要不断地更新才行。

我从“精益生产”理念中得到一个启发：精益生产是对传统流水线的再设计，是一种更有效率的快速循环模式。堆放就是浪费，可取用的知识才有价值。人才地图也是一样，如何最大限度地激活人才地图，而不只是文档、表格中的信息和数据，被激活的人才地图才有价值。

那么，人才地图怎么激活、更新呢?

其实，还是要像前面做人才地图一样，反复做，或者周期性地做。

除了不断和候选人沟通，不断挖掘、积累新的候选人，我们可以关注行业的专业媒体，了解行业的动态、新产品的出现、高管的入离职等报道；可以经常参加行业活动，这样可以得到更多行业资讯；可以与一些行业协会用行业的名义组织一些论坛，邀请一些目标群体的高端人才来参加小型行业知识交流会等，通过这些活动新认识或加深认识行业中的资深人士；猎头公司自办行业性活动，邀请一些行业大咖参加，并与媒体合作请其做相关宣传报道，或者做一些行业人才状况调查、调查报告再共享给大家等。

通过以上方式可以发现人才地图中的一些变化，加以维护和更新。

另外，有一些猎头顾问会提出一个问题：如果对于一个领域“垂直深耕”的情况，full mapping（全面的人才地图）从长远来说非常有必要，但针对一些职位并不是很常见，或者说不在“垂直深耕”的领域内，如何平衡这个“人的产出”和mapping的关系，毕竟客户的职位招聘还是有一定时限性的，可能没有足够多的时间做人才地图。

对于这个问题，建议精心选定要mapping的公司，然后在“人的产出”和mapping中，找到“重合”或者可以“两用”的“中间”客户群体。

（5）通过“现实关系”盘活人才地图

猎头顾问完成 mapping 不是万事大吉，盘活所拥有的资源才是重中之重。很多猎头顾问都会做 mapping，无论做公司架构还是做部门架构，做得非常到位，可是真正能盘活做出来的 mapping 结果的人有多少呢？

如果做了某个职位的 mapping，但是没有用心维护，下次给候选人打电话的时候，候选人压根不认识你，还是和“陌拜”（陌生拜访）一样，这是没有真正意义上把 Mapping 做好。

猎头顾问能 mapping 到和自己所负责职位相关且优质的候选人在 80% 以上的（优质候选人按照发展潜力、工作背景、出身、学历、年龄、专业技能、稳定性及其他软性因素多方面决定），一定要抓住机会多与候选人见面，建立“现实”人际关系圈。

相反，很多猎头顾问和自己的候选人都是“网友”，这会使工作大打折扣。一定要记住，多见候选人，多积累“现实关系”，这才是猎头最核心的竞争力。

试想一下，如果你是上海某品牌服装企业的 CEO，现在需要招聘一位设计总监，而我和上海 30% 的服装设计总监都有联系，且固定会在两个月之内和他们见一次面，关系非常不错，那么这时候你肯定会优先选择我。因为我绝对是可以最快给你找到合适候选人的那个猎头！

对于猎头顾问来说，mapping 的作用与价值是很大的，一方面可以帮助猎头顾问充分盘点、掌握行业内候选人的情况，建立自己的人才资源库；另一方面在和客户及候选人沟通时，可以展现自己的市场洞察深度及专业度，也是为客户提供附加价值的一种方式。

第 7 章

与高端候选人的有效沟通

见客户、见候选人，这是猎头顾问两项基本的、高频发生的活动，这两项活动的进行过程可以说是影响猎头顾问工作成效的“关键时刻”。

而高端、优质的候选人是猎头顾问的“粮草与弹药”，如何与高端候选人有效地沟通，是否达到良好的沟通目的，关系着人才推荐的成败。

1. 准备工作

（1）心理建设

首先，要有平和、对等的心态。

猎头顾问见的是在企业里任职层级较高的人选，而猎头顾问本身也许并没有那么资深。但猎头顾问要建立自身的优势，比如对行业与企业情况的了解，有丰富的行业人脉与信息，并且对企业和人的研究分析比较专业……在此基础上建立自信与底气是非常重要的。

高端人才也希望与他们沟通的人是个资深的或厉害的角色，在与猎头顾问的沟通中，他们也会得到收获与启发，而不仅仅是获得一个职业机会。

这些高端人才也有其能力的长项与短板、个性的弱点、工作上的压力与无奈，也需要别人倾听、尊重、提醒，同时也一定有需要提升完善的地方。如果猎头顾问能以更加全面、真实的视角去看待高端人才，自然就能保持一种平等沟通的心态。

猎头顾问要“见多识广”，当你见的高端人才多了，也就见怪不怪了。

其次，要做好持久作战的准备。不要希望一次沟通就把所有的问题都解决了。

一般来说，高端人才会甄别猎头顾问的专业性，第一次电话就是认识一下、闲聊，甚至不提及岗位机会，因为市场上适合高管的机会较少，他们会非常谨慎，不会第一次就说出心里的想法，得出的初始答案就是“不考虑”等，但碰到特定的机会，他们可能就开始考虑了。

有的高端候选人是慢热的，另外把高端人才匹配到合适的职业机会，也是需要时间的；这个时间可短可长，短则几周、几个月，长则几年、十几年。

有的猎头顾问期盼着事事都能一帆风顺，这是不可能的，不如盼着我们有强大的内心和强壮的肌肉，去扛起已发生的和将发生的一切。

有一次，受客户委托，希望我可以帮助找到某知名外资品牌的CXO 沟通该公司的高管岗位。我第一次和这位中国香港的高管沟通时，并没有直接说有什么职位是否考虑，而是有逻辑有方法地推进。

首先，我介绍了自己是专注零售行业高管岗位的猎头，本次来电话的目的是希望建立长期的关系，希望日后有机会合作。

其次，因为联系的这位高管正在目前工作中享受着成功的喜悦，工作业绩有口皆碑，因此我需要了解这位高管对于工作的需求，并询问假如后续跳槽，会被什么样的机会吸引。

最后，我抛出主题，表示的确是受客户的委托与这位高管联系，是否可以以行业交流的形式与客户方的创始人进行一次沟通。当然客户也有明确的 CXO 岗位，如果有机会一起共事，客户是非常愿意的。

此外，我从开始的对话中获取到高管对于工作机会的核心关注点，并从这些核心关注点进行突破，进一步加强高管和该企业交流的兴趣。最后，我促成了这次交流，聊得非常开心。

经过这次实战操作，类似这样的案例，客户点名想要的人，只要前期工作到位，成单可以说是十拿九稳。

（2）信息准备

猎头顾问要在平时就对宏观政策环境、行业趋势与动态保持敏感性，资深的猎头顾问能够做到对宏观政策导向、行业趋势、资金流动、市场变化、国际风向等保持关注，并有自身的理解与看法。

猎头顾问要对拟推荐客户组织的内外部环境非常了解，包括该客户内部组织架构与相关人物关系、内部工作氛围，这个职位的“前世今生”、汇报对象的管理风格，这个职位在组织中的作用及与公司战略的关系等。

除了客户的信息，猎头顾问对拟沟通的高端候选人的信息也要提前做详细了解，包括其教育经历、职业发展履历、个人优劣势、个性特点甚至家庭情况等。一方面可以通过 LinkedIn 去了解；另一方面可以通过网络搜索，比如搜索该候选人的演讲、发表的文章或论文、参加社会活动、在职求学进修等信息。同时，向认识该候选人的行业朋友打听情况，听听他们对这位候选人的了解和印象，特别是性格偏好。有时候，掌握了性格偏好，就相当于把握住了沟通的风格与基调。

我认识一位非常资深的猎头顾问，在和高管沟通前，就会把这位高管在网络上所有的演讲、论文都研究一遍，然后与对方沟通。这时候的沟通，就如同会见一位已经认识很久的朋友一样，知道其深处的思想，知道其关注什么、精通什么、疑惑什么、赞赏什么……当你在沟通过程中抛出一些观点能够引起他的共鸣或同感的时候，很容易使双方有一个很愉快的沟通，并建立猎头顾问非常好的专业形象。

2. 首次联系

猎头顾问和高端候选人的首次联系，可以通过见面、电话、微信等方式。无论什么方式，有一些基本的目标是需要达到的：

- 了解对方基本的履历（快速捋一遍），并把握对方的意向、目前工作状态。

- 体现顾问的专业素养，这是通过顾问的话术、话语节奏，对所推荐企业与职位的介绍，以及对候选人职业发展方向的把握等方面达到的。

- 建立初步的信任，为长期深入联系建立基础。

猎头顾问要注意感受对方的情绪，要关注对方的敏感点、愿意聊的侧重点，以及有意回避的地方。猎头顾问可以根据对方的需求，进行适当的“信息输入”。

如果对方提到一些问题，是顾问不知道的信息，建议不要乱说，可以坦诚地说自己还不确定，需要确认一下，这样更能获得对方的信任。

第一次和候选人联系，不要太功利，因为“大单”的操作比较难，需要长期的跟进和管理，但是这种投入是值得的，业务转化是一个持续不断的过程。

需要强调的是，对于寻访 CXO 级别的候选人，和其他候选人的思路有所不同。

寻访 CXO 级别候选人需要更高的招聘技术和艺术，前期需要做更充足的准备（人才画像、人才地图、寻访计划等），列出目标公司及目标岗位，在百度等渠道找到目前人选姓名，通过人脉获得联系方式……这仅仅是完成第一步——取得联络，这是招聘技术的体现。

CXO 人才的寻访可以分三步走：找到他的名字；问到他的电话；和他建立关系。

知道目标候选人的名字，如何得到联系方式呢？可以通过与候选人在同一企业的“内部线人”，或者找候选人的前同事也是很好的选择，一般会在三天内打听到其联系方式（手机号码或微信等）。

首次与 CXO 人才联系，切忌直接推荐岗位，除非你已经知道候选人在积极看机会，否则候选人拒绝之后猎头会很被动。在提到岗位时，不要问候选人是否考虑机会，可以说：“我这边有个岗位想和您聊聊，看看是否有合作机会。”

另外，在CXO候选人沟通前，多看看关于对方的相关报道和采访，了解其思想和风格，并选择合适的沟通方式。

如何让CXO候选人对你的岗位感兴趣，这是招聘艺术的体现，需要具体情况具体分析，但有三点比较重要：首先，对岗位的分析需要足够深入；其次，对于候选人的需求要深入挖掘；最后，要持之以恒。

3. 深度沟通

在第一次初步沟通的基础上，猎头顾问需要逐步和候选人进行深度的沟通。要与优秀的高端候选人建立长期、深入的联系，建议猎头顾问把接触的每个高端候选人都约出来沟通，所谓“闻名不如见面”。

这个阶段的沟通，更多的是介绍行业动态、所推荐岗位的定位与职责、所推荐组织的内外部情况，并了解候选人在实际工作中的状态、难点，并多方面了解其信息，包括家庭情况、个人感受、职业需求与期望、生活习惯、个人爱好等。

猎头顾问要注意挖掘候选人的深层动机，特别是职业、社会、家庭等方面的价值观，这些价值观会影响其职业发展的决策，以及进入公司后的工作决策、沟通与管理风格。当然，了解其深层的价值观，也有利于猎头顾问与其建立长久的信任和合作关系。

猎头顾问要结合候选人的实际情况和需求，对自己手里掌握的“资源”进行匹配和介绍，以便形成对适合对方的职业机会的排序，找到最适合推荐的职位。猎头顾问要和高管说清楚各个职业机会的挑战点，并了解其顾虑是什么，后续在和客户企业沟通时，交流候选人的顾虑，并获得澄清与反馈信息，进一步印证该职位是否适合该候选人。

除了正常的沟通，猎头顾问还可以邀请候选人来猎头公司做一些专业领域的培训，比如我曾经邀请流程建设领域的专家来做关于业务流程的培训，邀请人力资源领域的专家来做高端候选人的识别与吸引的培训，邀请设计总监来做如何指导设计类候选人做作品集的培训。

在谈薪阶段，有的候选人觉得自己谈来谈去很“掉价”，谈一轮就不谈了。猎头顾问要根据前期沟通和对双方了解的基础上，在企业 HR 和候选人之间做好协商、影响的工作，千万不要只做“传话筒”。

猎头顾问还可以积极联系、帮助候选人解决“后顾之忧”，比如协助涉及异地搬迁的候选人安顿家庭、解决家人的工作，以及小孩上学的问题。一方面可以与企业沟通，请企业评估是否有资源与能力来解决，因为有的企业高层管理团队在当地有资源；另一方面如果猎头顾问本身有着相关的人脉与资源，也可以助一臂之力，帮助候选人下定决心，成为城市间的职业转换的关键推动力。

猎头顾问解决问题的途径通常在于你如何解决候选人面对的问题。如果不扫除掉候选人面前的障碍，哪怕这个障碍原本与你无关，即使你铺好了路，候选人也不一定会走。

所以，猎头顾问做到更高的境界，应该给候选人提供的是一种综合解决方案，解决候选人多方面的问题，不仅仅在工作方面，还可以超越工作方面，进入其人生各个领域，交流日常生活的问题，协助解决各方面的问题，成为其全面的合作伙伴，能够相互支持帮助的“好朋友”。

有时候猎头与猎头之间的竞争，就是方案和方案之间的竞争，而方案提供的是价值——整体价值回报，如果这个整体价值回报能够满足候选人的需求，那么你就赢了。

另外，候选人入职后的跟进也非常重要，要保持与候选人及企业 HR、业务部门的沟通，关注候选人融入情况，及时排除异常问题，帮助候选人成功“转身”。

4. 候选人和客户间的信息传递

猎头顾问在对候选人进行“资格面试”时，一定要有“底线思维”与“风控意识”，要对一些“硬性条件”进行严格把关，确保信息严谨性与准确度，这些信息包括学历、任职期限、薪酬等信息。

尽可能在早期的时候就对信息进行甄别、把关，如果到了客户那里才发现一些审查不严的漏洞，就会因小失大，让客户对猎头顾问的专业度产生怀疑，失去客户的信任。

在给客户推荐候选人时，猎头顾问要对候选人的背景、擅长点和目前问题三个部分很熟悉，达到随时可以说出来的程度，不然客户一问候选人的情况，猎头顾问可能会“哑枪”了，这种情况会让客户在心里给猎头顾问“减分”。

猎头顾问了解完候选人的基本情况后，可以给候选人介绍自己手里的客户及职位情况，从其意向与匹配度来看适合推荐到哪些客户、什么岗位；如果猎头顾问手里没有合适的职位，也可以问候选人的意向企业，在候选人授权情况下，主动帮候选人做联系和推荐，同步进行客户的 BD。

猎头顾问在候选人与客户间，不要只做“传话筒”，要提供有价值的建议。记住不要原样传递信息，要做一定的转化，把生硬的东西变成柔和的东西，自己保留一些东西，让客户与候选人双方接收到的是“恰当”的、有“余地”的东西。因为谁都不能保证，下一刻还会不会有合作的机会，因此要善于留下“逗号”，而非“句号”。

猎头顾问如果有很好的客户关系，有时候可以“躺赢”。有的客户自己有合适的候选人资源，但因为公司规则的限制，不方便直接推荐候选人，而转给关系较好的猎头推荐，通过猎头的渠道面试进入公司。对猎头顾问来说，无疑是天上掉下的“馅饼”，而这是平日关系经营的结果。

我总结出一个规律，在推荐候选人时，要把握“快准狠”的原则，一般“三波”可以把一个岗位搞定，再与客户分析给哪个人发放 offer（录用通知书）比较好。

猎头顾问推荐出去的候选人在一家企业能待多久，与猎头的口碑密切相关，所以一定要做好充分的匹配工作，并在候选人入职后定期跟进。

除了良好的客户关系，良好的候选人关系也是很重要的。不然即使你先推荐了岗位给候选人，他也可能不通过你的渠道入职你推荐的公司。这也基于你是否和候选人有共同语言，了解他的需求和痛点，能把岗位讲清楚、说明白，同时做好情感的维系与铺垫，并做好人才推荐的书面记录，预防客户和候选人联合起来“跳单”。

我猎头生涯的第一单就遭遇到了客户和候选人联手“跳单”的情况。当时我在为某个服装集团寻访旗下合资公司童装品牌的 GM（General Manager，总经理）岗位，推荐了一位韩国籍高管。从初步沟通到谈薪，我和这位高管几次见面沟通和分析情况，但突然有一天联系不到候选人，该集团 HR 也换了人，打电话给老板被直接挂断。虽然所有的推荐记录都有留底，但在合同签订时没有把该集团的分公司及子公司包含其中，所以我只能“哑巴吃黄连——有苦说不出”。希望猎头同行以此为戒，不要让自己的时间和努力“打水漂”。

5. 与候选人沟通的节奏

猎头顾问在与候选人沟通时，要注意把控好节奏，提升沟通效率。

要了解候选人的工作节奏，并把握好每家公司的工作节奏，比如我知道服装设计行业，订货会期间设计师会通宵忙碌，肯定没有时间和你聊岗位、准备作品。

和候选人沟通时，要多问一些开放式的问题，因为开放性的问题候选人会有比较大的发挥空间，从而能带出很多你想不到的但很有价值的信息，这些都是“副产品”。

猎头顾问在为客户约候选人面试时，要让双方给出多个 available（有空的）时间，比如未来 1～2 周有哪些时间段可选。这样，当客户或候选人有一个时间段不行时，还可以灵活选择其他时间段，而不需要一次次确认下一个时间段。

另外，顾问在提出时间选择时，尽量让别人做“选择题”而非“开放题”，因为人们习惯性从两个选项中作出快速选择。比如可以这么问：“这周见个面吧，周二或周三哪天方便？”

确定候选人与客户的面试时间后，要注意把控联系沟通的节奏，可以通过发邮件、微信提醒等，自己也把该约谈日程记录在日历上。

要记得提前一天提醒候选人，然后提前两个小时再做一次提醒。必要的时候，可以采用“陪同面试”的方式，比如在候选人面试前，先约候选人在客户公司楼下或附近咖啡厅简单沟通，并在楼下等待候选人面试完，可以第一时间和候选人沟通面试情况。

我曾经和一个客户的老板沟通，征得其同意，可以在其面试候选人时，允许我在场陪同，以便了解老板的关注点及候选人的表现。这种信息同步的方式，将会极大地提升猎头顾问与企业高层的认同感、信任感，有利于信息的同步、一致，避免信息传递有误差。

猎头顾问要注意，面试后要先和候选人沟通，再和客户沟通。因为候选人的信息反馈是个体的，可以马上问到；但企业的反馈有时是需要内部面试官及管理团队合议的，不一定第一时间会有反馈，而且客户往往还有其他候选人面试做比较，不一定马上有结论，一般需要时间等待。

获得候选人的初步反馈后，猎头顾问可以选择合适的时间与方式跟进客户的反馈，如果候选人感觉非常好、把握很大，就可以快速跟进、巩固成果；如果候选人感觉一般，甚至觉得可能性不大，就可以缓一步沟通，用时间化解一下客户对候选人的不佳感觉（也许存在）。

到了谈 offer 环节，也要善于用不同的选择题试探候选人的底线，比如抛出一个问题“客户如果出到 ×× 水平的 package（包，意为薪酬总包），您能接受吗”“您可以跟我透露您的底线薪酬是多少？我看看如何帮您谈”……这些谈薪的方法和技巧应该是每位成熟的猎头已经掌握的。

对于高管候选人，会涉及期权、股权和更复杂的薪酬结构，也需要猎头有更广的知识面和更高专业度来参与薪酬谈判。

猎头顾问要做好候选人的薪酬期望管控。对候选人定薪过低则无法成功吸引，如果定薪过高则企业会加倍期望，不利于人才在企业存活。比如种西红柿时，水太多西红柿会死，水太少了西红柿也会死，只有在中间最适合的状态才可以获得最高产量。

谈 offer 时需要打“心理战”，不能心急。作为企业的 HR 角色，面对的只是候选人，企业内部的信息和节奏是可以掌握的；而猎头面对的是候选人和客户两端，两方的信息和节奏都有着不确定性，要把握好双方的心态，稳步推进。

候选人被录用后，向原公司提出离职的环节，猎头顾问要辅导候选人，离职理由是有讲究的。如果想好要离开，选择的理由尽量是家庭原因，而不是薪酬、级别、工作范畴等工作上的原因，万一工作原因被解决了，候选人会比较尴尬。

同时，要注意离职周期的把控。我曾看到一位非常有心的猎头顾问，会给每一位接 offer 的候选人发一封“致候选人的信”，信中会先恭喜对方，再加强候选人离职的动机，提及一些离职被挽留的员工不久后还是会离开的案例，然后罗列几个离职会碰到的难点问题和应对技巧。这个方式很有意思，也很有用，猎头顾问可以尝试一下。

有的猎头顾问会碰到一些条件非常棒，但是“油盐不进”的候选人（对外部的机会不“感冒”），而且顾问“手上”的岗位对候选人的吸引力不大，这时候应该怎么办呢？

根据我的经验，候选人“油盐不进”只是候选人当下的状态，猎头顾问还是要持续“刷脸”，体现专业顾问的形象，经常给候选人分享一些最新的职位信息，说不定什么时候有一个候选人心仪的职位出现，或者候选人工作上出现不如意或内部职位发生变化，就开始考虑外部的机会了。所以，一切机会都出现在“运动”中，只要持续伴随往前“运动”，就会有机会。

我是一个比较关注真实体验的人，所以会多见候选人，多见客户，“见面”是合作的基础。好比零售行业只有实体店才是基础，而电商再火爆也仅仅是一个渠道而已，最终还是要依靠线下，所以我们会发现一些电商品牌发展到一定程度后，开始拓展线下店，这才是和消费者建立真情实感的地方。

第 8 章

高端候选人的管理与成功转化

1. 做好候选人的面试辅导与期望管理

猎头顾问从见候选人的第一面开始，就需要有 Coach（辅导）候选人的意识和动作，主要是在了解其过往履历、能力情况、职业意向的基础上，帮助候选人分析相关职业机会与其经验、能力、职业发展等的匹配性。

猎头顾问对候选人的面试辅导应该如何开展呢？

猎头顾问在与候选人沟通前，应先认真阅读候选人的简历，并与候选人电话交流简历上没有的内容，如组织架构、工作流程、横向协作部门、离职原因、意向机会等。然后，猎头顾问与候选人进行 STAR 行为面试，让候选人介绍过去的事件，了解其采取的行动与效果，并评估其经验与能力情况。

在用行为面试法和候选人交流后，猎头顾问应给予面试指导，明确回答此类问题的核心点。研究证明，在面试前接受过 STAR 培训的候选人在面试中的表现往往较好。

在候选人到企业面试前，猎头顾问需要传达一些核心信息，包括企业风格、面试官风格、岗位侧重考察点等。面试是一个双向选择的过程，而且人才市场已经逐步从“买方市场”向“卖方市场”转变。我一般建议候选人“做最好的自己”，以平常心对待每一次的面试很重要。

尼古拉斯·鲁林（Nicolas Roulin）在《面试心理学》一书中，提及管理面试期望方面这样说：“求职者和组织都有可能从现实的面试期望中获益或者受损。因此，管理面试期望是非常重要的，组织也应该有意识地在这方面作出努力，帮助求职者管理他们的面试期望。求职者应该通过阅读公司网站及相关在线文档，或者从朋友、同事那里尽可能多收集信息，并根据这些信息调整对组织的预期。组织也应该尽可能通过多种渠道向求职者提供相关信息，并解释面试过程的每个步骤、解释及作出面试决定的标准等，帮助求职者建立更合适的面试期望。”

猎头顾问可以教给候选人对面试官的“印象管理策略”，因为面试官一方面凭印象和感觉来判断候选人，比如精神面貌、谈吐、发型、衣着，甚至所带的皮包、饰物等，形成一种综合印象；另一方面面试官会采用 STAR 面试方法来考察候选人的能力与经验。

因此，有必要让候选人在印象管理策略、STAR 面试管理策略两个方面做好准备。

印象管理策略方面，比如打理发型，穿适合面试场景的衣服，面试期间保持锻炼以便有较好的精神状态，甚至面试前可以喝一杯咖啡，提升思维敏捷度，讲究皮包、饰物等，尽量给人一种有高度、有涵养、有品位的感觉。

STAR 面试管理策略方面，可以提前准备最近两份在单位中做得最成功或最有成就感、最有挑战性的事情，以及最有挫折感的事情，事情的具体经过（环境、任务、行动、结果），可以让候选人提前用文字写下来，或把要点、思路写下来，这样在回答面试官问题时能够以清晰的逻辑、充足的依据进行说明。

在整个面试过程中，需要候选人强调自身的品格、经验及过去所取得的成就，以便给面试官留下深刻的印象。

如果候选人通过了企业的面试，在企业提出 offer 前，猎头顾问要管理好候选人的期望，有时可以适当把候选人的期望往下压一些，看其能接受的底线如何，当最终结果高于候选人的期望时，反而会使候选人获得良好的感受，这样对于薪酬的协商是一个很好的铺垫。

对客户，在了解候选人的薪酬情况，或查看其薪酬报告后，可以把客户的期望适当提高，这样有利于后续薪酬的协商。

猎头顾问注意不要过分夸大客户的情况，对于情况不好的客户，适当描述客户的真实情况而不是美化，不要隐瞒，不要过分包装，因为包装过度适得其反，也可以引导候选人从积极的一面看待情况不好的客户，因为有问题反而是创造价值的机会。

有一次，我帮一个客户寻找总监级别候选人时，听到一些对这个岗位上级汇报对象不是很正面的行业风评，导致面试过的候选人感受不好，比如面试风格、沟通方式，甚至面试中玩手机等。为了让后续推荐的优秀背景的人才能够有更好的面试体验，我一方面会和每个即将面试的候选人沟通面试官的风格和面试中可能出现的情况，并给予正向的引导；另一方面我侧面和企业的 HR 沟通实际情况是否如此，请 HR 委婉提醒该面试官注意此类现象，面试官虚心地接受了建议，解决了候选人面试感受的问题。

猎头顾问在任何时候说话都要留有余地，不要 100% 说不行，要留余地。比如对于客户一直没有反馈是否通过的情况，可以回复候选人“客户流程长，再等等”“客户最近比较忙，会晚一些反馈”，或者“客户的需求可能有一些变化，在内部讨论中，需要晚一些才能确定”等。

2. 建立候选人梯队，做好健康度管理

猎头顾问在给客户某一职位推荐候选人时，同一个职位里“活着”的候选人（就是还没有被客户完全“否决”并定义为“不通过”的候选人），要保证有 3 个以上。

一定要有备选的候选人梯队，而不能只留最后一个候选人做“救命的稻草”，即使这个候选人已经接受了企业的 offer，也是有不确定性的，也许在最后一刻就会变卦。

猎头顾问要做好手里“案子”的健康度管理，包括横向、纵向的健康度。

一是横向健康度，就是不同岗位有不同的进度分布，呈现一定的梯度性。

比如我会保持手里至少有 15 个有效岗位，这些岗位有不同进度的分布：5 个岗位在中后期（终面或谈 offer、待入职状态）、5 个岗位在第一面或第二面、5 个在人才寻访阶段，这样就可以有持续爆发的能力。

二是纵向健康度，为保证精力的集中，不至于浪费在没有产出的客户或职位上，要敢于砍掉没有价值的案子，保留 15 个有“生命力”的岗位，即有实际进展的岗位。

通过横纵向健康度的动态管理，能够给猎头顾问一个稳定的过程数据和业绩结果。

3. 无处不在的人才线索与机会

（1）在各种场景中发现线索、积累资源

生活中的很多场景都有做猎头服务的线索和机会，很多信息都蕴藏在这些场景中，比如朋友婚礼、家长会、同学会、朋友聚会等。

猎头顾问要重视资源积累，目前没有相关岗位匹配或资历不足的候选人，可能在未来的某一天就会进入你的优质人才库。

在自己专注的领域中持续积累，当猎头顾问足够了解行业，认识足够多的行业人才，行业内几乎每家公司都会有熟人在里面任职，这时候更能享受做猎头的快乐。你可以整合更多的资源，也可以成为一名“超猎头”（借用“超一线”城市的概念）去帮助更多的人解决更多的问题。

另外，猎头顾问对候选人要有分层管理的思维，根据“二八法

则”，抓住通过率极高的20%的候选人，将为你带来80%的业绩。20%的行业优秀人才才是猎头寻猎的目标，维护好与核心候选人的关系，最好一个季度打一次电话或见面一次，建立相互信任的长期合作关系。

（2）做好 LinkedIn 资源转化

猎头顾问要关注招聘渠道的应用，并做好有效性分析，力求做到在每个渠道上都能把该渠道最大的优势发挥到极致，把最优的资源挖掘到极致。

以下介绍一下 LinkedIn 使用的心得经验。

一般来说，一线城市外资企业候选人使用 LinkedIn 的频率更高，猎头顾问可根据对 LinkedIn 的使用目的，采用方法如表 8 -1 所示。

表 8 -1　根据对 LinkedIn 的使用目的采用的方法

目的	方法
客户开发	订阅企业发布的职位（目标客户/目标竞争对手） 寻找匹配招聘岗位的核心候选人，作为客户开发的渠道 了解核心候选人职业历程，请其推荐企业客户 建立与客户、候选人的共同联系，方便横向拓展
候选人寻访	根据职位难易度灵活调整寻访顺序 查阅竞争对手的潜在候选人
个人 IP	尝试发表动态、文章、回复等，建立个人 IP
行业热点话题	关注候选人、客户分享的动态，寻找沟通话题
转推荐	从候选人的好友中寻找潜在候选人
招聘热点/趋势	候选人工作头衔或职位变化

（3）高端候选人转推荐

高端候选人转推荐是一种非常重要而有效的策略，但其中一些运用的关键点还是需要注意。

首先，猎头顾问要敢于问候选人有没有人选推荐，包括其同事或前同事、同行、朋友等。只有真正开口问了才会有机会，因为不问就永远不会有机会。

其次，是问什么样的候选人？所谓“物以类聚，人以群分”，越是优秀的候选人，其“朋友圈”越是聚集了其他优秀的人才，因此条件越好的候选人越应该问。

什么时候问？刚认识时不要问，除非你们一见如故，谈得非常投机。一般情况下，要跟候选人的沟通有了一定的信任基础再去问。

怎么问？可以问一个具体的点，比如我需要一个在什么类型公司、什么职位工作的候选人，你有没有这样的朋友介绍。如果有最好，如果没有，就问有没有条件相似或接近的候选人。

一般在沟通的现场，如果对方提到某个候选人，最好当场请对方提供一下联系方式，以便及时获得信息。因为经常发生的情况是，当沟通结束后，大多数的高端候选人都不会把这件事情放在心上，或者细想之后又不愿意提供这个候选人的联系方式了（也许出于信息保密的考虑，觉得不便提供）。

还有一种方式，就是高端候选人如果介绍了其他候选人，猎头顾问可以提及公司会提供一些奖励，这样也许会对某些高端候选人推荐人才有一定的促进作用。

但这种方法慎用，因为对高端候选人来说，少量的物质激励其实没有多大的作用。对大多数人来说，推荐一个候选人只是与人方便的一件小事，不会放在心上，他们更看重建立长远的关系与价值。如果对推荐成功的激励比较丰厚，则可以作为一个沟通的要素，但要注意看沟通对象，以及对方的需求，有的人可能看重这些物质激励，有的人则不然，也许会适得其反。

如果候选人答应了可以帮忙留意并介绍其他朋友，或者候选人会先问一下其朋友或同行，那么猎头顾问可以约定跟进时间，再次询问。只有跟进才会有结果，不跟进则很少会有结果。好的候选人身边一定有好的候选人推荐，要尽量取得“1 变 2、2 变 4”的效果。

还有一些厉害的猎头顾问，可以达到让候选人提供 name list（人员名单）的效果。这更需要建立深厚的信任基础，这个信任基础的建立，是平时顾问和候选人就进行信息的分享互换、各种事情的互帮与互助，双方已达成深度的情感共识。

当然，现在信息化、数字化越来越普及，很多公司应该不会用表格做员工通讯录了，实现了IT系统管理。形式可能千变万化，而目的只有一个，就是猎头要更多地认识高端候选人身边的工作伙伴，这些是成为优秀顾问的基础和前提。

4. 高端候选人的成功转化技巧

以下是我在实践过程中，对高端候选人成功转化的一些常用方法：

（1）没有机会就创造机会

客户企业高管直接推荐行业高端候选人，也许是本企业没有合适的职位，但可以推荐到其他行业或企业。

高管推荐身边好友是经常发生的事情，但这些好友也许不是猎头顾问专注操作的职位，可以推荐给本猎头公司其他同事，作为协同工作的成果。

不是什么级别的人都是猎头的目标对象，猎头的标准永远是那些背景好、能力强的，走到哪里都抢手的优质人才，往往这类人群正在自己的工作岗位上享受着生活的喜悦。作为合格的猎头，你要负责把这些人mapping出来，逐步建立联系，使之成为你的“猎物”，并结合其职业规划和当前痛点、需求，把他们放在更适合的平台上。

总之，做猎头就要想方设法把人安置到岗位上，没有机会就创造机会。

（2）放大脑洞，创造多种合作模式

比如我碰到的一个候选人在单品类设计方面的经验非常丰富，刚好

有一个客户（一个女装品牌）可能会有潜在需求，于是咨询其创始人是否有考虑做设计师联名或孵化全新的系列甚至品牌。一方面客户可以布局他们的商业版图；另一方面客户现在女装品牌定位已经很清晰，渠道稳定，所以孵化一个新品牌对于他们来说可以借鉴之前品牌运作的成功经验，更有机会成功。而且双方 DNA 是契合的，与其是竞品，不如一起做大。

后来客户接受了我的建议，招聘该候选人重新建立一个新的品牌，开拓了产品的新格局。

（3）不要预判，尝试各种可能性

在给优质候选人推荐职位时，不要根据自己的想法进行预判，不要觉得候选人不会考虑哪个品牌或哪家公司，候选人也许会出乎你的意料，也不要认为客户看不中哪种背景的候选人。

（4）“知行合一”

候选人不经意提到的一个小细节，如果你听进去了并且有实际行动，会让对方感受很好，大大增强他对你的信任度。

我曾和一个设计师候选人电话沟通，因为他提到喜欢某个品牌，便帮他打听并联系到了品牌创始人。并且确认可以推荐，于是把简历推荐给该品牌创始人。后来他们进行了沟通，虽然最后没有达成合作，但双方通过交流都有所收获，并成了朋友。

后来该候选人把之前自己任职的公司上海某设计团队 HR 负责人的电话给了我，让我多了一个潜在客户。

所以，不论是否成功，候选人都会记得你为他争取到的机会。任何帮助都会以某种形式回馈给你，只是时间问题。

（5）反向BD，为高端候选人找到心仪的平台

候选人在看新的职业机会并寻求猎头顾问的意见，或者候选人换工作去了新的公司有招聘需求，又或者朋友的公司有招聘需求，这些都可以作为新的合作商机进一步延伸和拓展。

以上介绍了各种高端候选人的转化方法，但对高端候选人的转化不是无源之水，前提还是猎头顾问自身的专业度提升，以及与高端候选人的关系维护。

所以，猎头顾问要保持对行业趋势和热点的关注与了解，同时对高端候选人和职业发展需求的把握。随着顾问专业度的提升，候选人想什么、关注什么，顾问会不自觉关注和迭代，与候选人的良性合作越来越成熟。

第 9 章

高管人才的识别、评估

在《把招聘做到极致：我这样做到世界500强招聘经理》中，提到高管人才招聘面试的一些观点：

“有效识别高管人才是人才选拔中重要性最大、难度最大的问题，若错选了对象，有可能会对企业造成致命的影响……高管人才对企业发展的作用举足轻重，最佳高管人才的绩效要比占据同等职位的平庸高管的绩效高得多。”

因此，书中对企业如何面试高管人才做了深入的剖析，其中特别提到要对高管人才进行系统面试，提出系统性面试的五项原则，并把系统性面试方法概括成三个方面、八个部分的综合性考察。

其中，三个方面为：任职资格与胜任能力匹配性、职业倾向与企业文化匹配性、相关专业领域匹配性。

八个部分为：工作角色与职责、工作能力与业绩、自身优劣势与价值、职业倾向、文化适应性与动机、工作风格与个性、行业与专业理解、管理与领导理解。

对高管面试方法与技巧感兴趣的读者可以读一下该书的相关内容。

以下从猎头的视角来分析一下高管人才识别、评估与影响工作如何来做。

1. 高管人才要对味道、合眼缘

对高管人才来说，岗位要求和候选人背景、履历的匹配是一方面，更重要的是，和企业老板或CEO能“对味道”“投脾气”，性格匹配，想法一致，才是决定最终一起合作的核心。

因此，猎头顾问为客户推荐高管职位，一定要知道企业老板或CEO的脾气、秉性及“胃口”。

在田效勋等老师所著的《过去预测未来：行为面试法》一书中，提到："在收集职位信息时，请再回顾一下企业的文化和价值观对人的要求，将这些信息作为编制行为面试题的一个参考。"

这给我们一个启示，就是猎头顾问在匹配岗位和候选人时，也要考虑到文化、价值观和个人气质匹配这个层面。

有些团队的成员适合活跃个性的候选人，有些适合安静个性的候选人，比如搞艺术的人都要有个性，否则在艺术上很难突破，有时会让人觉得不合群。

同类个性易于相融，不同类个性能够互补，如果在个性层面能够做到既相融又互补，就能大大提升推荐的成功率与候选人的留存率。

在《把招聘做到极致 2：灰度招聘全攻略》中提到，要基于"大、中、小"三种场景匹配性进行面试，其中提到：

- 大场景是企业（环境），即基于企业价值观的匹配性来进行人才识别。
- 中场景是岗位（事），即基于岗位胜任能力模型的匹配性来进行人才识别。
- 小场景是团队（人），即基于领导、团队成员的性格匹配性来进行人才识别。

不同的候选人适合不同阶段的企业，企业不同阶段的文化是有差异的，需要的人才类型也是有差异的。

当然，人才具有可移植性，不同的人才背景适合不同阶段的公司，如初创型公司、快速发展型企业、成熟型企业，需要的人才类型是不一样的。

在我操作的高管岗位，最终成功的案例普遍是做到了几个匹配：能力匹配企业发展阶段、职业规划匹配企业发展方向、思维模式匹配老板发展战略。

与其说高管选择一个平台，不如说高管选择一位志同道合的老板。

2. 如何识别候选人的履历真实性

客户通常对于候选人履历背景的真实性有严格的要求，猎头顾问一定要谨慎，如果发现履历背景信息虚假的情况，不论顾问本身是不知情的“受害者”，还是顾问和候选人串通，都会引来很多麻烦，导致猎头顾问的诚信被质疑，甚至被“一票否决”。所以，猎头顾问工作需要细致到位，防止被诚信不良的候选人“坑”。

有些候选人为了能够让自己的简历“熠熠生辉”，获得猎头和企业的“青睐”，对简历进行了“包装”，企图能“瞒天过海”。

这种情况是猎头顾问需要特别警惕的，一般可以重点关注简历的几个方面。

（1）项目经历是否“注水”

候选人把自己“参与过”的项目说成“主导/负责/带领”，把其他人做的项目说成自己做的。猎头顾问可以考察候选人的项目思路、项目成员、项目中遇到的问题及如何处理等信息，并观察候选人的微表情（比如眼神是否躲闪）进行判断。

（2）职位或职级是否造假

猎头顾问可以通过企业内的“线人”，侧面打听核实。同时，在候选人入职前，可以通过候选人前一个单位的人事部门做背景调查。

（3）个人基本信息、学历、履历是否造假（删除或合并公司经历，修改工作起始时间）

很多企业考虑到调查的独立性问题，不会让猎头进行背景调查，而是让第三方背景调查机构来开展，只要企业方经过个人授权，通过专业背景调查机构，是可以调取数据进行核实的，如个人身份信息、职业资格证书、学历信息、社保缴交信息、个人征信数据等。

我遇到过一件事情，就是有一位联系一年多的候选人，当再次有机会给他推荐职业机会时，收到的最新简历和一年前给我的简历有很大的差别，时间也核对不上，这样的简历肯定是有问题的。

猎头顾问多渠道比对简历是比较好的方式。除了候选人自己提供的简历，如果从招聘网站上能搜索到该候选人简历，也可以进行对比核实。

另外，目前很多猎头公司及企业客户都有 ATS 系统（Applicant Tracking Systems，申请人追踪系统），用于收集、分类、扫描和排名他们收到的职位申请人信息，所有简历抓取进去后，同一个人有不同版本的简历，可以进行对照，小小的履历差异都会受到关注和质疑。

（4）薪资的银行流水是否真实

到了谈薪环节，一般企业 HR 让候选人提供上一份工作的银行流水，而有的候选人由于前期面试时提供了虚假的薪酬信息，这个时候就找伪造银行流水的机构进行“移花接木”。

针对这种情况，除了通过第三方背调公司进行核实，猎头也可以发挥一定的作用，这时候猎头顾问与各企业 HR 的关系就能充分发挥作用了。猎头顾问可以与相关企业的 HR 核实确认某职位、职级的大致薪酬范围，再和候选人提供的薪酬信息进行比对。

3. 建立结构化的候选人评估体系

猎头顾问应该建立自身评估人才的要素清单，并赋予每一项要素以重要指数，在面试完一个候选人后，可以逐项进行打分，看看该候选人的综合分数是多少，并写下综合评语。

这样自己见过的所有候选人，都有一个历史记录；对同一个职位的候选人可以进行排序，下一次见到这个候选人的面试记录时可以回忆起来，而不用重新与候选人进行沟通再次评估，大大节省了猎头顾问的时间和精力。

对高管人才，一般有如下评估要素：

（1）任职企业的知名度

知名企业或行业标杆企业，一般有先进的管理理念、规范的管理机制、成熟和创新的经营模式、优秀的企业文化等，候选人在知名企业里接触的资源、人脉，获得的视野与格局，是一般企业不能比的，这也是客户企业比较看重的。

（2）职业稳定性

几乎所有的企业都不喜欢频繁跳槽的人。当然，每家企业对稳定性的理解不一，关键在于这家企业本身的稳定性情况。比如在国企一干可能就是十几二十年，所以工作七八年就跳槽会被认为不稳定；而有的企业流动性大，工作两三年可能就认为相对稳定了。

作为高管，一年换一个甚至几个单位是容易被猎头放弃的。一般来说，在一家企业工作 3～5 年是比较正常的状态，如果能工作 5～10 年且期间有稳定的晋升是上佳的选择。

猎头顾问也需要认识到，不是候选人在一家企业工作的时间越长越好，如果一个人在一家企业、同一职位工作 5 年以上而没有升迁，会被理解为能力不行，或安于现状、不思进取，或是靠老资格、与老板有关系等。

当然，在一家企业较长时间，但是从基层到中层再到高层，一步一个脚印走上来的，候选人的能力大概率是不错的。

（3）薪酬水平

薪酬的高低并不能作为评估候选人能力的唯一指标，因为高薪并不意味着候选人的能力就很强，决定薪酬有多个方面的因素，包括行业、企业的薪酬水平，以及候选人跳槽时的薪酬谈判结果，还包括企业内部薪酬调整机制等。

但从另一个角度看，能拿到高薪的，也是候选人能力的证明之一，可以作为猎头顾问评估候选人能力的一个维度。

（4）语言能力

随着经济全球化的发展，中国企业的国际化步伐不断加大，中国企业在国际上的地位和影响力越来越高，很多企业都需要具备国际化语言、思维、视野与能力的。

对于涉及国际化业务的企业来说，外语沟通的场景已成为一种常态。掌握一定的外语能力，学会一门外语很重要（通用为英语，如果针对特定海外市场或客户也可以是其他语种）。

猎头顾问也需要有一定的英语能力，因为你不知道什么时候会碰到外企客户、外籍的候选人，如果不能用英语沟通，效果会大打折扣，甚至丢掉客户或候选人。

（5）身体素质

职场人士，特别是高管岗位面临着较大的工作压力，工作量大、节奏快，在各种会议中穿梭，晚上甚至周末都在加班。这种工作强度，加上职场复杂的人际关系带来的心理压力，如果没有一个健康的身体是很难扛得住的。

反映身体素质的一个关键因素就是年龄，一般高管的黄金年龄段是 35 ~45 岁（IT 行业或创业型企业会更年轻），正处于这个年富力强阶段的候选人，更容易被客户看上。

如果超过 45 岁，在人才充分竞争的市场上，竞争力就会差很多。即使候选人很优秀，也要考虑到精力不济的问题，这一点猎头顾问在人才推荐时需要关注。

（6）个人态度

猎头顾问要猎挖的对象集中在职场高端人才，他们找工作的途径和方式与职场普通员工存在一定的差异，普通员工找工作最主要的方式还是在招聘网站投递简历。

而高端人才本身在行业内已经拥有一定的地位，在工作经验、工作能力、职业品牌、人脉资源等方面都是佼佼者，他们在求职上更“被动”，也更“挑剔”。比如他们不会主动投递简历，只等猎头来联系，他们会认为简历是一种形式主义，提供给猎头的简历很简单。有的候选人甚至说：“我更看重面对面的沟通交流，简历这种形式主义的东西，意义不大。”

但简历里面反映的不仅仅是简历的内容，更是个人对工作的态度。所以，猎头顾问遇到这种情况，对于那些在提供简历、银行流水等材料，或者提供其他信息方面不积极、不认真的候选人一定要留心，也许这样的人会给你“放鸽子”或“掉链子”，要谨慎推荐。

（7）行业相关性

所谓“隔行如隔山”，虽然有一些跨行业、跨专业转行成功的例子，但是很多行业的壁垒还是比较高的，很多看似可以相通的位置（如人力资源总监、财务总监、战略总监、公共关系总监、法务总监等），可能都存在不同行业在本领域范围内的差异性、特殊性。

有时候，也许候选人的专业能力可能达到，但是在行业性的操作细节可能有较大的差距，需要在入职后，经过一段时间的熟悉了解才能逐步掌握。

根据我的实践经验，有行业背景的人选，比没有行业背景的人选，在资源优势、经验优势、管理团队方面更胜一筹。

（8）思维能力

简历最重要的是逻辑清晰，表达清楚，重点突出。

如果候选人的简历写得事无巨细、面面俱到，给人的感觉是很凌乱，抓不住重点；或者是非常简单，用的语言描述都是通用的，看不出来这家企业、这个岗位工作的特点，甚至可以普遍适用于其他企业同一个岗位的工作场景……从这些方面，可以看出候选人的总结提炼能力。

通过简历的书写水平，我们可以推断候选人的思维能力，以及性格特点，尤其是一些岗位如果需要经常做方案，要求候选人有较强的系统性思维、逻辑性思维。猎头顾问在筛选候选人简历时，就可以初步判断一下候选人的思维能力，如果存在疑问，就需要在和候选人的进一步沟通时进行重点评估。如果判断候选人在这方面比较弱，就要谨慎推荐。

（9）学校与学历

很多企业客户在给猎头顾问提供 JD（职位说明书）时，都会将学历一栏放在前面，985/211 本科是常见的要求，有的还需要海外留学背景。

按常理来说，名牌学府门槛高，能进入名牌大学的人自然“高人一等”，特别是在智商、学习能力、视野、资源等方面。

猎头顾问可以把这个作为筛选候选人的关注条件之一，但在具体的岗位上应有侧重。对工作经验要求更高的岗位，以及工作年限越长的候选人，教育背景的权重应该越小，因为这时候选人的工作经验发挥更重要的作用。还有一些“大器晚成”的候选人，其潜力可能不在中学、大学期间发挥出来，而是在进入职场后发挥出来的。

4. 如何面试候选人

猎头顾问与候选人的见面沟通是非常重要的，当面沟通彼此的印象会更深刻，让候选人更容易记住你。另外，见面比电话聊得更透彻，能拿到更多的信息资源。

顾问应根据与候选人沟通的目的（如见面认识、人才评估、人才信息获取、企业情况了解等），应有不同的沟通框架，可以是如下若干个方面的组合：过往教育与工作背景、目前公司情况、工作职责与业绩、成就与挫折、强项弱项、离职原因、薪酬情况、个人期望、家庭情况、个人爱好、最近尝试的机会、其他人选推荐等。

在沟通方式方面，尽量使用“采访式”的沟通，就是顾问不带候选人的简历，只是事先理解简历，记住主要内容，先准备疑问点，列出沟通重点；在沟通中用笔记本记录沟通中的关键点，不要问重复的问题，练习盲记、速记；在过程中注意观察，决定沟通的深度和广度。

不要只聊表面上的话题，可以多聊聊深一些的内容，比如组织架构、业务流程、工作中的难点、问题等。针对拟推荐职位关注的点，可以沿着一个问题深挖下去，过程中形成自己的判断，并前后对照候选人提供的信息或简历信息的真实性，针对里面的疑问点，后续也可以根据同一个问题找不同的人确认。

在沟通时，要注意“给予多于索求”，不要让候选人觉得他在不断输出信息，就是得不到顾问给自己想要的信息输入。

顾问要有行业广度，面要足够宽，接触的人要足够多，才能展现出自己在行业“面”上较广的优势，这是由很多“点”组成的“面”，可以帮助候选人合理分析机会。

一般来说，候选人具有某个行业的深度，顾问要根据候选人的现状，帮助其进行分析判断，给予职业发展的辅导，并分享合适的市场行情、职业机会。

顾问要掌握候选人内心真实的动机，不要只聊手上的机会，要尽可能展开候选人对未来的想法。在评估候选人核心优势领域的基础上，洞察出候选人最大的动机时什么，比如未来 1 ~ 3 年看重什么、前三位考虑的因素是什么……如果这些关键点没有准确把握，在后期“掉单”

的情况会比较常见。

另外，要分析候选人在当前阶段的诉求点，也许你认为不适合的平台，可能刚好是他目前想要的。

《面试心理学》中提到："面试官的提问技术非常重要。为了确保较高的结构效度，面试官在设计面试问题时必须遵循一系列步骤。首先，他们要了解招聘岗位的特点，确定该岗位所需的知识、技能、职业资格及胜任能力。其次，他们要将这些岗位的要求转化为面试问题，确保面试者与岗位有关的每一个关键资格指标都能够通过提出一个或几个问题得到正确的评价。"

猎头顾问通过面试，能够收集到候选人的任职资格信息，这些信息是胜任岗位所必需的；要就适当的特质和能力特征对其进行有效评估，从动机到情商，从沟通技能到领导力，还要考察候选人的价值观是否符合目标公司的价值观。

猎头顾问观察一个事物、分析一个人，要善于转换不同的视角，调整"对焦"，才能获得全貌。因此，猎头在评估候选人时，也要找到多角度"焦点"下的特征，匹配最佳的岗位，有时候也需要问不同的人对于所推荐岗位的理解，以及不同的人对同一个候选人的看法。

对于顾问深耕的领域，要积累好同一类岗位的面试题库，特别是与岗位职责要求相关的问题。就同一岗位面试不同的候选人时，应问相同的问题，有利于比较。

比如设计类岗位的常用问题：

- 您喜欢的设计风格是什么？
- 您喜欢的国内外的品牌有哪些？

……

面试一定要结合候选人所在的场景，既有宏观思考的问题，又有落地举措方面的问题；既有结果交付的问题，又有过程管理的问题；既有团队产出的问题，又有呈现个人独特贡献与价值的问题。

以下是一些我经常使用的经典问题：

①这件事情底层逻辑是什么？

②顶层设计在哪儿？

③最终交付价值是什么？

④过程的抓手在哪里？

⑤如何保证结果的闭环？

⑥你和别人相比，亮点在哪里？

⑦你的优劣势在哪里？

⑧你的思考和沉淀在哪里？

⑨你有形成自己的方法论吗？

⑩换别人来做是否会不一样？

资深猎头会怎样选择合适的人选呢？

资深猎头“相人”会更加包容，会看到候选人的核心优点和无关紧要的缺点，会不以自己的好恶去判断。

第一步，需要了解的基础信息是：候选人的工作经历和主要业绩、核心竞争力、所在组织架构与业务流程。

第二步，了解岗位所需要的综合素质，包括学习能力、思维能力、沟通能力、人际理解力、适应能力、影响力等。

第三步，了解企业的团队氛围、领导风格，以此来判断需要什么性格特质。

第四步，对候选人各方面进行评估。一个资深的猎头对候选人的评估，未必需要各种固定的表格，但是判断的原则一定是化于无形、烂熟于心的。

资深猎头和一般猎头对人才的判断区别是很大的，资深猎头是由内到外了解一个候选人，而一般的猎头是从外到内了解候选人。

比如在招聘应届大学毕业生的时候，有些人固然拥有精致的外表、得体的行为举止、较好的表达能力，从短期来看这是有一定优势的。但是从长期来看，一定是素质、能力及内在动机在起作用。如果足够聪慧、足够努力（正确的努力），日后也是能取得较大成就的。

谈到从内到外看人，不能不提曾国藩先生的《冰鉴》，这和从内到外地看人的思想不谋而合。

书中提到："一身精神，具乎两目；一身骨相，具乎面部。"这句话的解释是：个人的精神状态，主要集中在他的两只眼睛里；一个人的骨骼丰俊，主要集中在他的一张面孔上。

"脱谷为糠，其髓斯存。"其意思是：去掉稻谷的外壳（就是没有多大用途的谷糠），但稻谷的精华——米，仍然存在着，不会因外壳磨损而丢失。

《冰鉴》一书，核心是要让大家不要被外在表现出来的东西蒙蔽，忽略了人的本质。

猎头顾问在评估一个候选人的时候，还要有历史感，历史感是一种追溯能力。候选人呈现在猎头面前的可能是一个平面，或者说是某年某月某日的一个横截面，而历史感就是从某年某月某日一直往前追溯。

5. 如何吸引候选人

猎头顾问如何与候选人，以及与客户公司内所有人的互动，都会对候选人能否通过面试进而被录用产生影响。

当猎头顾问试图吸引顶尖人才的时候，就要把所有的候选人都当作顶尖人才来对待，这样他们就会重视与你及客户公司的沟通与合作。

猎头顾问应多与客户 HR 沟通，彼此形成一种互信的关系，协同做好候选人的吸引工作。

这里有几个方法帮助建立候选人对猎头顾问及客户公司的积极认知：

（1）通过不同的媒介与候选人接触

与候选人分享客户公司相关信息的链接，帮助他们更多地了解客户公司的文化；如果有一些来自客户公司的管理者与员工，甚至一些曾经服务过客户公司的候选人（对公司持正面评价者），能以非正式的方式与候选人进行沟通，而成为客户公司的“品牌大使”，可以在候选人身上建立积极的对公司的认知。

（2）及时告知流程与结果

许多候选人在很长一段时间没有收到客户公司的回复，会感到沮丧。即使客户公司拒绝了他们的申请，猎头顾问也应该及时反馈给候选人；而对于有些待定的情况，也应该明确告知招聘流程及进展；如果候选人在一定时间内没有收到回复，也可以请他们主动给猎头顾问打电话或发微信咨询。

（3）进行友好的面试

一次热情友好的面试会对候选人的思想产生长期的影响。没有人愿意在一个令人生畏和不友好的环境中工作，进行压力面试甚至会赶走最优秀的人才。因此，猎头顾问自身及尽量影响客户公司，尽可能在面试流程中营造气氛友好的面试。

（4）对反馈持开放态度

如有可能，猎头顾问可建立一个快速的候选人反馈调查，了解更多关于候选人如何看待不同客户公司面试的过程；找出自身及客户公司在面试流程中的不足之处。除了自我改进外，还可以在合适的时候，以合适的方式反馈给客户公司，以便客户公司在招聘过程中为求职者提供友好的体验。

猎头顾问在与企业沟通对候选人的面试反馈时，除了接受反馈，还应该获取企业对参加面试的候选人在每次面试后的反馈要点。

当猎头顾问给候选人告知面试结果时（即使结果不尽如人意），也可以与他们分享建设性的意见，帮助他们在未来的面试中取得进步。

通常来说，候选人会欢迎这种保持透明，并帮助他们改进面试效果的猎头顾问及企业，会给他们留下积极深刻的影响，使他们更倾向在人际网络中积极地谈论猎头顾问的服务及客户公司。

提供一个容易访问的单一接触点。在大多数情况下，也许猎头公司、客户组织会有多个部门和许多决策者参与招聘过程。虽然可以依赖多人，但对于候选人，应该提供一个单一的联系人，使候选人可以在规定的时间间隔内清楚地与他们交流。任何时候，当候选人有问题或感到困惑时，他们可以很容易地联系到这个 POC（Person of Contact，联络人），而不是给许多对招聘流程一无所知的相关人员发邮件。

在今天的竞争环境中，提高候选人的体验不是一项可选的活动，而是一项必需的活动。积极改进招聘流程，能对所有候选人产生积极的影响。

第 10 章

如何说服与影响高管人才

1. 帮助候选人分析恰当的跳槽时机

很多猎头朋友常常抱怨："目标候选人很难被说服与影响，因为他们正在各自的岗位上享受着成功的喜悦。"

如何才能吸引候选人考虑你提供的机会呢？

作为专业的猎头顾问，不是一味地推销你手上的机会，而是需要发挥顾问的作用，帮助候选人分析其价值发挥、职业发展和个人潜能，帮助他们判断和选择最适合的跳槽机会。

候选人的跳槽会有两种作用力量：一种是"推"的力量；另一种是"拉"的力量。有些候选人在目前的公司工作得不开心，有不满情绪，这时"推"的力量会让候选人主动寻求市场新机会。

然而，这未必是职场人士跳槽的好时机。在这种情况下，应该找出问题并去解决或攻克，如果连出了什么问题都不知道，或者不知道如何解决问题，换一份工作只是换了个环境重复错误，问题仍然存在。

有些候选人工作非常成功，达到了事业巅峰，一切看起来都那么完美，没有跳槽的理由，其实这个时候往往是跳槽的好时机。

其一，此时的候选人是价值最大化的时候，会被市场认可，会体现出更高的利益回报。这时候，猎头顾问可以与候选人交流其行业贡献，探讨其价值产出，在一个什么样的平台上可以有机会推动整个行业的进步，不断激发个人潜能，达到更高层次的自我实现。

其二，职业经理人在职业达到顶峰的时候，往往是下属没有机会发展的时候，主动让位会给自己和他人创造更好的未来。

没有不看机会的候选人，只有没被激发的候选人。每个岗位上一定有不如意的地方，每一个候选人都有可能被激发起对未来更好的发展期望与想法，主要是看下一个职业机会给候选人带来多大的需求满足与价值回报。

因此，优秀的猎头顾问，需要从候选人的职业现状、职业发展、职业瓶颈、潜能激发、人生观、价值观等维度，与候选人进行深入的探讨交流，要基于对市场及企业岗位的了解，帮助候选人分析不同职业机会的优劣势和挑战点，会增加候选人的信任度，也会实现更精准的人才与企业平台的匹配，促进整个行业的良性发展。

“金三银四铜九十”，一年当中，要把握好“时间窗”，充分挖掘可能有潜在职业转换需求的候选人，创造更多的成单机会。

我曾与一位设计总监有过成功的合作。这位设计总监的背景很优秀，本硕就读于海外知名设计学府，并在几家奢侈品牌有过海外实习及工作经历，回国后入职一家初创设计师品牌担任设计主理人。

当我联系这位候选人时，他说目前比较稳定，帮助品牌实现从0到1的发展，尤其在品牌定位、产品规划等方面贡献卓著，品牌起步非常顺利，接下来更多是看零售运营是否可以支持品牌的不断发展壮大。

通过与候选人的深入互动，我发现，候选人需要去一个更大的平台积累体系化管理的经验，才能助力他在未来十年往更高的职位发展。而在目前的公司，第一阶段任务已经圆满完成，接下来品牌的走向会涉及更复杂的商业逻辑，不是他一个人可以主导的。

经过深入分析，候选人也很认可我的观点，于是我开始帮助他寻找接触大公司的机会，最后被一家上市集团公司成功录用，入职后的表现令新公司的老板非常满意。

2. 候选人跳槽的真正动机有哪些

相信很多猎头顾问都遭遇过以下问题：

- 候选人说不考虑机会，但后来你发现他去面试了。这是没有深入挖掘候选人的动机吗？

- 候选人上个月还说不看机会的，这个月突然跑来说要看机会，候选人遭遇了什么？内部的机会没了？公司要被收购了？

- 候选人说去异地工作没问题，结果面试后就放弃了。候选人是受到了家庭阻力，还是觉得薪资等条件的诱惑不够，或者单纯是看对方不顺眼？

- 候选人说平薪、降薪跳槽也可以接受。候选人有什么必须要跳槽的理由吗？是否涉及道德层面的因素？

……

候选人跳槽动机是否强烈，猎头顾问对此是否把握准确，决定了一个 offer 的最终结果。

在人力资源高度市场化、人力资源流通速度加剧的今天，offer 被拒的情况实属常态，尤其是高端人才。而猎头恰恰面对的就是这部分高端人才，那要怎样说服候选人坚定地接受 offer 呢？

要破这个局，避免猎头顾问被“放鸽子”，就要分析、把握候选人跳槽的真正动机。

为什么很多候选人不愿与猎头顾问沟通，很大一部分原因是顾问的态度——是否足够投入。你在候选人身上投入的精力、时间越多，拒绝率越低；投入越多，产出越高。

这就要求猎头顾问对目标候选人群体及个体，投入足够的时间和精力，进行深入分析并准确把握其心态。以互联网行业为例：

近年来，随着创业浪潮的到来，大公司向小公司的人才流动早已成为互联网职场的常态，我们经常需要从“大厂”（对互联网行业大公司的流行叫法）里挖人到创业型企业。

那么，我们必须对在“大厂”任职的候选人特点进行针对性的分析，才能够“有的放矢”。

“大厂”的主要特点有：

- 资本雄厚、规模大。
- 业务稳定、团队稳定，没有太大的风险。
- 管理机制相对固化、等级分明、流程冗长等。

那么，人才从“大厂”跳向创业公司有哪些动因呢？

- 厌倦了“大厂”按部就班的工作环境：周而复始，轮回往复，积累到一定程度，终于在某天因为“工作餐不好吃”而“爆发出走”。
- 工作范围较窄：“大厂”工作划分得很细，每个人负责的职责是固定的，一个岗位一颗钉，接触面太窄，得不到全面发展，不利于后续职业发展。
- “大厂”一般历史较长、老人多、“套路”多，人际关系较为复杂，让人心累，也是部分人跳槽的原因。
- “大厂”的工作一般都会由大大小小的会议组成，虽说也是秉着严谨负责的态度，但实际中却无形增加了工作量，会议、流程形式化，有效产出却不多。
- 人都有一颗冒险、自由的心，有些“大厂”的人就想看看“外面精彩的世界”。
- “大厂”的晋升机制虽然很成熟，但由于“牛人”太多，职场竞争相当激烈，而小公司相对来说晋升容易，只要你有能力，体现出价值，就可以快速得到晋升。

人才从“大厂”跳槽到创业公司，又会有哪些顾虑呢？

第一，公司或项目是否靠谱。

这个问题一般都是源自候选人对创业公司创始人、团队、盈利模式、资金链、运营数据等方面的怀疑。

为打消候选人的疑虑，猎头顾问可以事先收集信息，并针对这些方面逐一回答：创始人的背景、工作经历（特别是创业成功的经历）；团队的背景、成员稳定性；盈利模式的优劣、独特性；资金链是否充足、是否有充足的投资、投资方背景；运营数据的稳定等。

第二，适应性。

从“大厂”突然转向一个“名不见经传”的创业公司，环境、职位、工作内容、管理方式的变更都会造成候选人初始的不适应。

在“大厂”可能只负责一部分专精的业务，突然转变为广泛而粗糙，处理很多“一地鸡毛”的事情，从汇报人转变为决策者……这些场景的变化，猎头顾问都需要提前告知候选人，使其尽早进行角色的转变。

第三，收入。

创业公司是否可以支付起自己目前的薪资，这直接影响候选人生活质量是否受到影响。

在现金收入方面，一般从“大厂”跳槽去创业公司，薪资方面都会有一定程度的涨幅，很少有降薪的情况。候选人除了当前拿到的收入，还会关注收入的可持续性问题，以及后续薪酬继续增长的问题。

从无形资产方面，大公司一般对于高管会有一些限制性股票。而创业公司特别是互联网企业，在初始阶段，一般会给新进的高管及核心员工一定的股份或虚拟股权、期权。

第四，稳定性。

候选人对创业公司最大的顾虑就是稳定，在这个快速迭代的时代，谁都不知道是否能走到最后，这也是候选人着重考虑的点。

与稳定性相关的，就是对退路的考量。万一创业公司失败，是否还可以回到大公司？

在我与候选人沟通的过程中，发现除了候选人告诉猎头顾问的“堂而皇之”的“桌面上”的理由，还有若干“跳槽动机”是深埋在候选人心里的，也许他只说了一部分，或者告诉你一个假的原因，需要去逐步深挖和识别确认，或者“只可意会不可言传”。

以下是一些我在猎头工作实践中识别出来的跳槽动机，以及如何善加利用的策略。

（1）离家更近

有一位候选人似乎没有很强的跳槽动机，但我推荐新的工作机会给他时，他问了我所推荐公司的地址，然后很自然地给了回应："离我家只有 2 站地铁，可以骑车过去。"我抓住候选人释放的"信号"并继续推进，后来确认候选人的跳槽动机是，想找一个离家近的工作机会，减少路上通勤时间，用来做学历的进修（在职研究生）。

（2）资源分配更公平

有个高级销售经理岗位候选人，有着强烈的跳槽动机，特别关注新工作机会中如何分配客户资源方面。

候选人现在服务的公司，老客户全是"老人"的，新人只能凭自己的能耐开发新的客户。由于该行业是 to B（B 是 Business 的缩写，直译的意思是商业，普遍把它作为机构客户的代名词）的，产品单价高，但客户决策期长，很多新人甚至过不了 6 个月的试用期，于是形成了"老人一直在，新人换得勤"的现象。所以，该候选人想要的是，公司能给新的销售经理分配一些老客户，维护老客户和开发新客户搭配着来做，保证业绩指标实现的可能性。

（3）拥有更大的权限

所管理的团队范围的扩大是很多高级人才希望达到的，有着特殊的吸引力。根据尼采对人性的分析，认为人都有一种向上生长的"权力意志"，掌控更大的"势力"范围，拥有更多的资源调配权，做更多的事情，发挥更大的影响力。

（4）解决家属就业问题

某候选人是一家公司的总经理，年薪属于市场行情高位，对新工作机会并不排斥。原来他一直和家属分居两地，他在发达城市，家属在欠发达城市，现在想团聚，然后要个孩子。但其家属缺少工作技能和经验，如果换城市会很难找到合适的工作，因此她不愿意来候选人所在的城市团聚。

后来出现了一个让该候选人动心的职业机会，提供该职业机会的公司和某一机构有合作关系，该机构可以帮忙解决家属对口就业问题，于是候选人对这个机会特别偏爱。

（5）学以致用的挑战性

某候选人在一家管理咨询公司做物流系统的产品总监。这是一家国际一线品牌的管理咨询公司，从薪酬水平到公司品牌无可挑剔；但是该候选人对于某家国内物流巨头企业的解决方案专家岗位有浓厚的兴趣，因为觉得自己多年的产品解决方案经验，能够在这个平台上得到充分的展现，并发挥出独特的价值。

跳槽动机，其实涉及多方面的因素，包括个人的职业发展需求、价值观取向，属于“冰山”下的部分。

那么，如何问出“冰山”下真正的跳槽动机？猎头顾问，可以尝试以下提问方式：

- 您现在的工作有哪些方面觉得差一些，希望能得到改善？
- 能分别说说您现在的工作最满意和最不满意的点吗？
- 除了薪资，您最关心的是什么？
- 如果您真的跳槽了，最可能的原因是什么？
- 您以前最满意的一次跳槽，情况是什么样的，为什么满意？
- 如果您决定跳槽，而家里人反对，您会怎么做？

● 如果您跳槽时老板挽留，在什么情况下愿意留下？

● 老板在您跳槽时候，作为挽留条件，满足了您关于职位与薪酬的诉求，您怎样看老板的态度和自己未来 1 ~3 年的职业发展？

● 您跳槽时有被老板挽留过吗？留下来后又待了多久？觉得多停留的时间值得吗？

● 目前这个阶段，关于下一个工作机会，您最终想要的最 Top 的三个点是什么？

● 您现在有几个机会在谈，最心仪的是哪个机会，为什么？

● 对您以前的几次跳槽，您现在怎么看？觉得当初的选择对吗？

3. 跳槽动机管理：五个步骤、五个阶段、三个“一”

怎么做才能管理好候选人的动机呢？

下面介绍一个四象限分析法，帮助大家结构性地分析候选人的跳槽动机。如图 10 –1 所示。

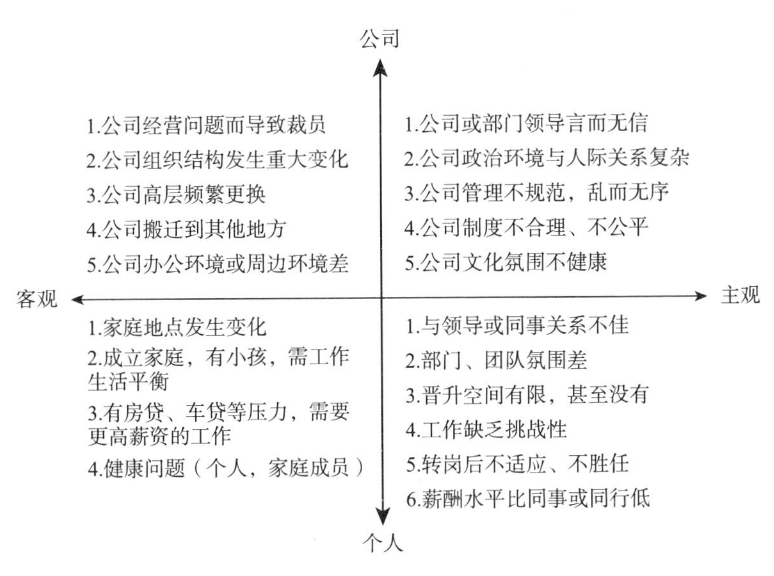

图 10 –1　跳槽动机四象限分析法

根据以上矩阵结构，优秀的猎头顾问应该如何抓住候选人的动机呢？

首先，把握好两对关系。

- 公司和个人：公司现状和个人现状。
- 客观和主观：客观情况和主观评价。

其次，归为四类因素。

- 公司客观情况因素：比如公司经营出现问题，面临倒闭或被收购。
- 公司主观评价因素：比如公司政治环境与人际关系复杂。
- 个人客观情况因素：比如有了“二孩”。
- 个人主观评价因素：比如觉得工作缺乏挑战和成长性。

从以上可以清楚地看出，凡是不存在争议可能的因素被放在了客观一边，而存在争议可能的因素被放在了主观一边。所谓争议就是每个人的看法会有所不同的因素，是基于客观情况之上做出的主观评价。

常见的因素类别都已经归纳在图示中，猎头顾问也可以根据原则自行归纳。

有了总图之后，再来了解和分析每个候选人的跳槽动机就轻松很多。

接下来，猎头就需要根据四象限分析法进行运用，抓住候选人动机，以下是五个行动的步骤：

第一，收集。

收集环节是猎头顾问了解候选人动机的环节。

关键点是怎样通过有效的提问，来收集所需要的信息，建议的做法是“先客观，后主观；先公司，后个人；先不敏感信息，后敏感信息”。

这样做是为了循序渐进，循循善诱，容易让候选人打开话匣子，敞开心扉。

第二，整理。

整理环节是猎头顾问梳理候选人动机的环节。

所谓梳理，就是通过排序的方法把这些因素理顺，把一些不太重要的因素剔除。

如何进行排序？最简单的方法就是打分。猎头顾问可以直接问候选人："如果在意程度的满分是 5 分，您打几分？"可以手边放一张自制的评分表，当场记录下来。

有时候，我们不可能询问候选人每一个因素，还需要结合自己的经验和直觉进行综合的判断。

第三，分析。

分析环节是猎头顾问明确候选人动机的环节。

这个环节进一步缩小动机"包围圈"，在 3 ~ 5 个重要因素里再找出最重要的 1 ~ 2 个因素。所谓最重要就是其具备了"一票否决权"，如果不满足，候选人就不会接 offer 的因素。这才是真正的动机，如果猎头顾问没找到，那么所做的动机分析就是失败的。

对此，猎头顾问可以直接问候选人："您在意的是这些点没错吧？那么，里面哪一点没满足，您一定不会接受 offer？如果不止一点，请您都说出来。"

第四，确认。

确认环节是猎头顾问确认候选人的动机（要什么）和职位（给什么）之间的匹配度。这个匹配度决定了一旦出了 offer，候选人有多大的概率会接受。

第五，决策。

决策环节是猎头顾问根据候选人的动机分析，做出取舍的环节。

取舍并非指一开始的推不推荐，而是指从第一次接触候选人起，每一个阶段内根据候选人的动机分析都要做一回取舍："是不需要浪费时间、精力直接放弃，还是需要花费时间精力去干预？"

以下是猎头顾问抓住候选人动机的五个阶段：

第一，客户面试前阶段。

这个阶段是从猎头顾问第一次打电话给候选人开始，到把经过筛选的候选人推荐给客户为止。

期间，猎头顾问只需要用四象限法确认候选人是否有真实的跳槽动机，对提供的机会是否真的有兴趣。这里面要做的就是一个“大是大非”的判断，有时候是通过一次次逐步深入的沟通才能确认的。

第二，客户发 offer 前阶段。

这个阶段是从客户开始面试到面试环节结束。

面试通常不会只有一轮，一般会有两三轮甚至更多，每一轮的间隔期或长或短，有时候等一两个月都会有的。

对于有可能拿到 offer 的候选人，猎头顾问需要反复运用“四象限法”，确认候选人的动机是否发生改变。

这些改变的因素包括：面试中了解到更多面试企业的信息、家庭成员的态度、现企业内部发展机会的变化，以及其他外部机会的变化……具体是哪些因素发生了变化？在这些因素变化之后，候选人对猎头顾问提供的机会是更有兴趣了，还是兴趣减少了？候选人的动机和所推荐组织、职位的匹配度是更高了，还是更低了？

那么，如何了解这些变化呢？最佳的方法是每一轮面试结束后的询问与反馈。猎头顾问可以形成一个习惯，就是面试结束后马上问候选人的感觉，这个时间点候选人最愿意说，也是感受最真实、最强烈的，因为面试是一种或大或小的“内心冲击”，这个冲击会触发候选人若干心得感想，需要在面试后得到抒发。

如果客户安排不同轮次的面试间隔时间太久，那么猎头顾问应该至少每两周询问候选人的近况，以便了解他的动机是否发生变化。

第三，客户发 offer 阶段。

此阶段是从客户口头告知要出 offer 到候选人签署 offer 为止。

期间，猎头顾问需要用“四象限法”确认候选人接 offer 的可能性有多大，自己需要花多大精力去影响候选人。

如果猎头顾问在之前各个阶段的沟通中，已明确知悉候选人想要的

offer是客户公司给不了的，那么就不要浪费客户、候选人及自己的时间。“强扭的瓜不甜”，即使你能劝服候选人把流程走下去，也会在最终的“临门一脚”时射偏。

但这并不代表猎头顾问不去和候选人沟通或传递offer信息。客户提出的offer方案猎头顾问还是需要和候选人进行沟通的，只是要懂得“用力”多少的问题。有时候，“用力过猛”反而在本质上损害了和客户、候选人的关系。

第四，候选人离职阶段。

这一阶段是从候选人在原公司提出离职到入职前。

这期间和offer谈判阶段是类似的。如果发生候选人被原公司挽留或者想要转投其他机会，猎头顾问要先做原因分析，再做行动决策。

第五，保证期阶段。

期间，如果候选人对新的工作不满意想辞职，不管是裸辞还是有新的offer，需要猎头顾问充分了解信息后，尽量帮助候选人从积极正面的角度看待公司的问题。从理性和情感两个方面和候选人分析其职业发展与目前组织、职位的匹配性，劝说候选人慎重决定，争取实现“共赢”。

问题哪里都有，关键在于候选人的视角转变，有时候问题也是动态发展的，要从动态的角度看待各种困难和问题，有时候“熬一熬”就过去了。

总之，在发offer阶段、离职阶段和保证期阶段，猎头顾问要“紧贴”客户与候选人，密切关注候选人动机的各种细微变化，并及时做出应对，排除障碍，才能达到最后的成功。如果确实发现候选人不合适，或双方无法“走在一起”，要果断放弃，不浪费时间在不合适的目标候选人身上，也是必要的。

要想运用好“跳槽动机四象限分析法”，猎头顾问只要记住“一个出发，一个关键，一个原则”。

第一，出发：从“匹配”的角度出发。

猎头顾问需要从“匹配”的角度出发，分析“职位能给予的”和

“候选人想要的”是否匹配，在多大程度上匹配。猎头顾问可以进行以下几个方面的对比：

- 候选人的期望 VS 猎头顾问提供的机会。
- 候选人现公司的情况 VS 猎头顾问提供的机会。
- 候选人在市场上的其他机会 VS 猎头顾问提供的机会。

第二，关键：及时识别“一票否决权”的动机因素。

猎头顾问务必抓住候选人真正在意的因素。很多时候候选人自己也未必清楚，需要猎头顾问抽丝剥茧地挖掘出来。

如果确定了顾问所推荐的职业机会里，刚好存在候选人跳槽动机里最看重的“一票否决”因素，那么就要评估一下是否需要作出放弃该候选人的决定，及时“止损”，以免浪费彼此的时间。

第三，原则：在五个阶段里根据情况多次使用“跳槽动机四象限分析法”。

候选人的想法会变，外界的条件也会变，不同阶段下候选人的动机都可能会发生变化，猎头顾问想“以不变应万变”，只做一次分析是不现实、不可靠的。

动机虽然捉摸不定、变来变去，但是只要掌握了正确的分析方法，猎头顾问就能做到“心如明镜，进退有度”。

牢记五个步骤、五个阶段、三个“一”，就一定能管理好候选人的动机。把准正确的跳槽动机“脉搏”，保障整个人才推荐流程的顺利推进和推荐结果的确定性。

4. 猎头顾问要放下心理包袱

当你对一家企业、一个部门、一个岗位深度了解的时候，都会看到这个职位的诸多不容易：

- 工作难度很大、挑战很大、压力很大。
- 周边人际关系复杂，或者领导很不好相处。

- 很多事务性工作，学不到什么东西。
- 人才流动很频繁，“铁打的营盘，流水的兵”。

……

我们看到身在其中的人的这些“不容易”，总会惯性地形成一种思维“这是一个坑，一个大坑”。

但我们有没有想过，没有容易的职位，每个职位都会有这样或那样的困难和问题，越是快速发展的企业，也许问题、困难越多。从这个角度讲，也许每个职位都是一个或大或小的“坑”。

是否入坑，最终做决定的是客户和候选人双方，而且不同候选人有不同的诉求。猎头顾问能做的是从职业生涯或需求满足的角度，帮助候选人客观、理性地分析机会，并促进候选人和客户双方利益诉求点的平衡与一致。

也许正是这些坑磨炼了很多人才，也正是这些坑，才需要你手中认为匹配的候选人，因为可能只有他能够把坑填平。填坑的过程也许是一个乐趣，是候选人需要的磨炼与成长。别忘了，危机也是机会，而机会往往会把人举到更高的位置。

况且，横看成岭侧成峰，有的人把它看作“火坑”，但也有人把它看成满是宝藏的“金坑”，所以猎头顾问不要只是以自身的角度，来度量一个职业机会对候选人的价值，这很容易形成误判。

不同平台对同一候选人的职业生涯发展的价值是不一样的，而同一平台对不同候选人的职业生涯发展的价值也是不一样的。候选人只是在目前阶段从眼前的这个机会中获取价值，这是一个“阶段性”的合作，而非终生的合作，就是企业和人才都吃“甘蔗最甜的那一段”，也就是在最好的时间，在最需要对方的时候遇见，并且共行最值得一起走的一段路，过了这一段路，后面就看缘分了。

我给候选人打陌生电话的时候，会先了解其设计作品的风格、方向，以及对新工作的要求和期待，把自己作为他们职业发展的“盟友”，帮助他们选择正确的下一步。

5. 优质候选人的深度维护

在实践过程中，我积累了不少对优质候选人进行深度维护的方法。

（1）将候选人在微信名上备注好标签

一般猎头顾问都会加候选人的微信，如果加了微信却不做任何标识，或者只做简单标识，时间长了，猎头顾问自己都记不清楚这些候选人的具体特征，这样在人才搜寻中就会做很多重复工作，不利于针对性地做好候选人的关系维护。

我一般会对优质候选人的微信名进行结构化的信息备注。

以服装行业为例，备注格式为：姓名 + 职位 + 男/女装 + 风格 + 品牌 + 工作地点（风格可以分为潮流、运动、简约、都市、休闲）。

（2）有舍有得

我经常给一些想去异地发展的设计师主动推荐职业机会，对一些潜质不错的初级设计师或设计助理，可以友情推荐给客户或者设计总监朋友。

多做善事，多做好事，回报是自然而然的，任何事物都遵循“能量守恒”定律。

（3）与候选人随时 warm（保持联系）：重复的魅力

与优质候选人 warm 的核心是见面，而且要不止一次的见面，才能逐步建立起深度的关系。

再不看机会的候选人，猎头顾问半年也要联系一次；而且针对不经常联系的人，要匹配好职位，定期通过邮件推送与其职位相关的 JD（职位说明书）。

（4）来自猎头的礼物：赢在细节

我给自己立了一个规则：

- 对于“大单”候选人（如入账 50 万元以上的），在候选人入职前订一束鲜花、准备贺卡并亲笔写上祝福语，在入职前一天和客户沟通，到客户公司看看候选人即将入驻的办公环境及办公位，并把鲜花和贺卡放在桌子上。
- 对于其他候选人（如入账 50 万元以下的），提前准备贺卡快递到客户 HR，请 HR 帮忙提前放在候选人的办公桌上。

以上方式都能够让候选人会心一笑，感到由衷的温暖。有一次，我的一位候选人（还是一年前我成功推荐的人选）突然微信发来一张图片，照片是他入职当天我寄给他的立体飞机贺卡，他说现在看起来依旧很感动。

猎头顾问要树立起在候选人眼中的“好猎头”形象，把你作为其职业发展的“参谋”甚至“代理人”。这里我再分享几个小技巧：

- 知道每位候选人的优势，做好标签管理。
- 能给候选人提供职业生涯规划的建议。
- 懂得行业发展趋势及最新动态。
- 懂专业知识，能看出门道，能与候选人产生共鸣。
- 使候选人有深刻的第一印象，日后入职也有意愿一起合作（比如需要猎头的时候）。

……

（5）做好候选人的生命周期管理

我看到一个案例是某全国拓展总监，最近几年连续3次跳槽，都是同一个猎头顾问操作。这对猎头顾问来说究竟是好是坏？

其实是有利有弊的。

利的方面，当然是表明该候选人深度相信该猎头顾问，并把自己的职业生涯发展工作交给了这位猎头顾问，也说明了猎头顾问能够有效利用手中的资源，产生更大的效益——拥有资源的多少并不重要，关键在于懂得利用。

弊的方面，这说明了猎头顾问在职业机会与候选人的条件之间的匹配性没有做好，导致候选人在同一单位工作时间不长就离职。这使候选人职业履历出现“频繁跳槽”的现象，对其后续职业发展产生不利影响。

当然，这也给了猎头顾问一个新的启发：候选人的职业生命周期，有时比客户组织的生命周期还要长，要做好某一类岗位卓越候选人的全生命周期管理。

（6）以最好的状态、分享的心态与候选人沟通

由于多日加班到晚上九十点钟，一天晚上，我在很疲惫的时候，给一位海归的服装设计师打陌生电话。该候选人的简历在网络上刚刚刷新，但在电话里候选人表示最近不看机会，随后问是什么品牌在招聘，并表示喜欢该品牌，自己有很多同事也在这个品牌工作过，随后问了很多该品牌内部的情况。最后当我问到其是否要接触该品牌时，候选人说暂时不考虑。

我随口问了一句：“你为什么了解这么多问题呢？”候选人明显不开心，气氛缓和后，我要了其微信号；挂断电话后，我加对方微信好

友，对方没有通过好友，而在回复栏中写道：“我认为你不适合做猎头。”

当时我很气愤，但回头想想，我要感谢候选人说出心中的不满，让自己可以反省哪些地方还可以进一步改进提升。

这件事情给我几点启发：

第一，不要让自己频繁加班，过度疲惫，尤其不能在很累、状态很不好的时候打电话，这样你没办法发挥出最佳的状态，并且你的状态也会影响候选人的状态。

第二，猎头顾问无法保证每个候选人都喜欢自己，气场不合很常见，但猎头需要海纳百川。

一旦对话氛围不对，先停止交流，不要加任何联络方式，这样顾问在候选人那边还是不透明的。不愉快又暴露身份，可能会永远损失一个候选人。

第三，不要急于求成，要抱着分享的心态，善于用行业信息分享维护候选人的关系，细水长流，即使现阶段工作稳定的候选人，也可能成为未来你能推荐的人选。

（7）用性格分析维护不同的候选人

猎头顾问可以利用帮助候选人分析职业发展规划的机会，让其做一下性格分析，后续根据性格分析的结果，用于候选人关系的维护。

我会利用“九型人格”工具来分析自身服务的候选人群体性格。

比如我所服务的创意设计类人才，他们通常属于独特型人格，与众不同、拒绝平庸、有创造力；他们对事物的美、风格、品位有强烈的敏感度，并能够尝试新的想法和创意；他们通常有思维跳跃、系统性不强的特点。在职业选择方面，他们通常会考虑这些问题：

- 这份工作是否能充分理解并欣赏我的个性和风格？

就拿服装公司举例，有些品牌喜欢有想法、有创意的设计师，而有些品牌更喜欢商业化的设计师；有些公司老板看重设计师有一贯的个人设计风格而不是随波逐流，而有些公司老板则看重设计师过往的设计风格与品牌匹配，能直接上手操作。

- 这份工作环境是否符合我的品位？

我之前帮助一家民营企业找一位总经理人选，因为客户下一步的发展战略是希望提升品牌调性，希望找有奢侈品或轻奢品牌背景的候选人，但这个客户本身的企业文化和工作环境比较接地气。

我与一位外资高管沟通并推荐给客户后，客户安排了候选人面试。但在候选人到达企业办公楼下时，当场决定放弃面试，原因是工作环境接受不了。

设计创意类的候选人经常会问我几个问题：这个品牌尊重原创吗？这份工作能否尊重和充分发挥我的创意，设计自由度如何？

所以，我不断地思考和实践与这类候选人沟通的有效方式。

我推荐猎头顾问读一读《为自己的性格找份工作：九型人格与职业生涯规划》。这本书将九型人格理论和职业生涯规划完美融合，从性格的角度阐述不同个性的人在职场的优势和劣势，帮助自己发现天赋和局限，将天赋和工作充分匹配。

猎头顾问可以利用这个工具评估人才的性格和职场状态，帮助人才更好地判断自己、定位职场方向、看清未来方向。

6. 帮已入职候选人在新组织取得成功

候选人入职后，猎头顾问更多关注的是候选人通过保证期前的这段时间，但绝大多数猎头顾问由于项目多、任务重等原因，很少关注候选人在企业中的后续绩效表现及发展晋升情况。

在候选人推荐的过程中，猎头顾问应给出候选人与岗位的匹配建议；在候选人在新公司转正后，猎头顾问应该转向关注候选人在企业的绩效。更成功的猎头，则会帮助候选人在新公司站稳脚跟，助力候选人在新的组织中持续获得成功。

要考虑入职客户公司的候选人对其经营业绩有什么影响，以及候选人入职后一年内最重要的是做成什么才能算是成功的。

我在实践中积累了一些帮助入职后的候选人如何获得成功的经验。

如果客户公司有几个岗位的候选人都是猎头顾问自己推荐的，可以在入职前先介绍他们认识，建立联系，为日后在新公司中合作打下基础。

我之前帮助一家外资品牌在上海搭建设计团队，成功推荐了男装设计负责人和女装设计负责人。我以为这两个角色未来在工作中会有密切的合作，于是在他们还没入职时就组织了一个饭局，让大家提前认识了解，并且添加联络方式。他们入职后已然变成了老熟人，果然效果很好，在工作中相互帮助支持，一起扛过了最艰难的起步阶段。

如果候选人入职了某管理岗位，需要为团队补充新鲜血液，猎头顾问可以友情提供一些基础人员的简历（资深一些的人选可以是有偿的），帮助他快速建立团队，开展业务，打开局面。

我曾为一家公司成功推荐陈列总监，候选人入职的第一件事情就是组建团队。我为了助候选人一臂之力，友情推荐了几位陈列师，帮助候选人搭建起团队，并形成战斗力。

候选人入职、过保证期，只是阶段性的结束。候选人能在企业中稳定发挥应有的作用和价值，才是猎头顾问真正的成功。猎头顾问要对候选人进行长期跟踪管理，正常情况下，推荐的候选人应在企业工作三年以上。

在候选人入职后的保证期内，猎头顾问要保持跟进，比如候选人入职一周、一个月、三个月、六个月，猎头顾问要关注候选人在新组织的适应情况，经常问一下“工作顺利吗”“有什么困难”“能适应企业文化吗，融入程度如何”“有没有难相处的同事”。

猎头顾问除了帮助已入职候选人分析企业组织环境，以及如何应对所遇到的问题，有时候出现矛盾也需要猎头顾问作为第三方来传递信息、沟通协调。在保证期内，猎头顾问要发挥 HRBP 的作用，全方位掌握候选人信息并与候选人顺畅地沟通，好的坏的都可以讲，还可以侧面向候选人指出哪里有问题，帮助其做好内外协调工作，更好地适应新环境。

已入职的候选人过了保证期后，很多猎头顾问就放心了，不再主动联系，忽略了候选人在公司内的持续绩效表现，这是很大的误区。

如果候选人持续绩效表现好，可以作为猎头顾问与企业扩大合作的机会，以及向其他客户、候选人宣传的正面案例；如果候选人表现不好，也可以继续帮助其分析，改善现有状况，提供“全周期”的职业关怀和帮助，会让候选人觉得特别贴心，更加信赖猎头顾问，甚至愿意让猎头顾问成为自己终身、独家的职业规划顾问。

有时候，候选人确实不适应企业而离开了，猎头顾问应争取让候选人继续选择自己作为人才推荐顾问；或者候选人离开企业而“另投他枝”了，过一段时间后可以作为人才资源重复利用。

从职业生涯发展的角度分析，猎头对标的那些候选人群体基本上是比较成熟的职场人，年龄在 30 ~ 45 岁，按照一份工作平均工作 5 年计算，一位候选人可以被猎头连续推荐 3 次左右。

但这样的合作是基于成功推荐，所谓成功推荐是指候选人在每一个平台上都发挥出应有的价值和才干，推动了企业的发展，候选人自身也得到了成长和提升。那种过了试用期就“跑路”的推荐，即使猎头收到了短期利益，也不应视为是一次成功的推荐。

第 11 章

从 0 到 1 打造高产猎头团队

1. 从独立贡献者到团队管理者

独立顾问和团队管理者有很大的不同，某种程度上独立顾问可能活得更舒服，因为自己有能力开发客户、拿岗位，有丰富的高管资源，又有能力交付“大岗位”，自己“丰衣足食”很容易。

但一个人很难把蛋糕做大，一群人却可以。这也是为什么有些能力强、有想法、有野心，也有管理潜质的猎头顾问还是选择往管理方向发展。

那么，新晋的猎头团队管理者需要做好哪些准备呢?

(1) 清晰的业务规划

德鲁克在《管理的实践》一书中提到，企业要打造创造巅峰绩效的组织，工作设计是源头。首先，你要做好工作设计，也就是组建团队时，先搞清楚你到底要做什么。

我接到新任务之后，首先做的一件事情是进行调研市场，做了一份详细的业务规划方案，并与公司领导沟通确认业务重点和方向。

因为建立新团队不同于接管一个成熟的团队，成熟团队经过多年的积累，已经有非常稳定的客户和庞大的候选人资源；而我更多是以“开荒者”的角色，从零开始发展一个新业务，所以需要更明确的业务规划。

业务规划可以从以下几个维度呈现：

第一，业务定位层面的规划。

先明确行业定位和岗位定位。

行业定位一般会由猎头公司做统一的业务规划时确定，比如我所在的就是公司划分的消费品行业；但大行业下还会有很多细分行业，比如消费品行业又包括服装行业、奢侈品行业、珠宝行业、化妆品行业、家居家纺行业、食品行业等。

行业定位清晰后，就要进行岗位定位。通过专注的行业洞察和市场调研情况，了解行业的人才痛点、人才缺口，确定重点聚焦的岗位方向。

要确保这个新的团队有自己的核心标签和成功案例，保证每一个猎头顾问有自己的岗位标签，才会在激烈的市场环境中赢得竞争优势。

第二，业绩目标层面的规划。

猎头行业是以结果为导向的行业，在定位好业务重点方向之后，团队管理者需要规划客户组合。

首先，要先和老客户进行访谈，明确下一年度的岗位需求情况和猎头预算；其次，规划新客户开拓及预计可以获得的产出。

结合老客户的需求和新客户的开拓计划，结合下一年的行业运行态势评估，综合预估确定全年的团队业绩总额，并且在实际运行过程中进行动态调整。

切记，业绩目标不是“拍脑袋”，凭借一腔热血来设定的，而是需要数据和事实作为支撑的。

当然，如果像我这样喜欢挑战新高度的团队管理者，可以设定两个目标：一个是保底目标；另一个是挑战目标。这样既能保证公司整体业务进度，又能满足自己的“雄心壮志”。

第三，团队组织架构层面的规划。

业务目标清晰了之后，接下来就需要依靠优秀的人才去实现业务目标，所以团队规划必不可少。

基于业务规划，确定团队组织架构设计。猎头团队管理者可按照操作的职位类型，或者按照操作的细分行业来划分团队组织架构下的岗位。然后根据业绩目标规划，测算需要多少人员编制来支撑业务目标的实现，最终确定组织架构和人员编制。如果是初创团队，需要考虑前期新人的培养周期，需要给予一定的耐心和成长周期。

（2）组建优秀的猎头团队

获得稳定的团队业绩的前提是：稳定的团队、忠实的客户、优质的候选人。

人是因，业绩是果，人才的重要性在猎头行业尤为明显。

在《重新定义公司》一书中提到："有洞见的管理者会把光圈调大，将那些被一般标准排除在外的人也纳入考虑范围。如果你能把光圈调大，去物色一些不仅今天能完成工作，明天也能把工作做好的人，你就能挖掘出一些精英之才，或许还能为这些人提供他们当下的雇主无法提供的机遇。"

这种加大"光圈"甄选人才的方式，值得猎头团队管理者学习。猎头顾问可来源于哪些群体呢？主要包括猎头顾问、企业 HR、候选人、销售顾问、毕业生。

猎头顾问：在其他猎头公司负责同行业、同职位的猎头顾问，这些人可能自带客户与人才库资源，马上能上手工作。对于这类人才，需要在团队文化适应性、工作习惯与风格方面进行一定的关注与辅导。

企业 HR：这个群体的优势是懂甲方运作（如果是客户公司 HR，则进一步懂行业）。另外，企业 HR 有着较为扎实的人力资源管理基础，特别是招聘 HR 在选人方面已有一定的经验，那些能够不依靠猎头而自主行动去招聘的 HR 更是有做猎头的潜质。

候选人：猎头团队管理者在搜寻、沟通候选人的过程中，也可能发现适合做猎头的人才，但很少有人选一开始就有想法或意愿从事猎头工作，这种意愿需要被唤醒、激发与点燃；那些懂专业知识、有人脉、乐于分享交流与帮助他人的人，是做猎头的好苗子。

销售顾问：猎头顾问的一部分工作是销售，所以也需要有一定的销售特质。有一些猎头顾问是从销售转型过来的，在 BD 方面比较强，但在人才需求分析、人才甄别方面需要加强。另外，由于猎头顾问经常是与企业 HR 沟通，销售人员的思维、工作风格与企业 HR 的匹配性可能有所欠缺，也需要进行一定的调整。

如果选择销售顾问转型来的人员，最好选择那些人际敏感度高，且系统性、逻辑思维强的，如果特别熟悉某个行业的人才（最好是客户所在的行业）则更佳。

毕业生：毕业生培养也是一种方式，特别是人力资源、心理学、市场营销等专业毕业的学生，如果对猎头行业感兴趣，综合素质优秀（如主动性、成就动机、学习能力、沟通能力、逻辑思维能力等）可以进行培养。

最好是先招聘一些在校生为实习生，经过一段时间的实习，确认有意愿及适合从事猎头行业，毕业后再录用为正式员工。

无论来源于哪个群体，建议选择那些个性上有较强开拓性，并能精细化执行落地的成员，或者有较强开拓性，并有较强影响力的人，也就是 DISC 性格测评中，排在前两项的性格类型最好为：D 型（Dominance，支配性）+ C 型（Compliance，服从性），或者 D 型（Dominance，支配性）+ I 型（Influence，影响性）。

我刚开始做猎头团队管理者时，确定了招聘顾问标准：

第一，硬性条件：

- 本科以上：确保综合素质较好。
- 行业背景：确保懂行业，并热爱时尚。
- 过往业绩：确保有成功实践经验。

第二，软性条件：

- 成就动机：是否有要成功的强烈欲望。
- 自我驱动：在顺境时能够低调不浮躁，在逆境时能有足够信念找到解决方法。
- 结果导向：千方百计找方法，为结果达成负责。

因为我的团队以设计创意岗位作为优势标签，所以对于猎头顾问的软性要求比较高，比如是否有足够的美感和敏锐度，能够抓住品牌的调性，是否有能力分辨作品集的好坏和匹配度（推荐设计类人才简历时，通常需要一同推荐作品集）。

所以，我在招聘团队成员时，会有意识地优先选择具备设计或者艺术背景，而且比较外向、愿意与人交流、人际敏感度高并决心做猎头的那些人。

目前我的团队里大部分都是专业艺术背景的伙伴，比如有5岁起就开始学美术的顾问主攻女装设计岗，有十多年男装设计经验的顾问主攻男装设计岗，有视觉设计背景的顾问主攻视觉设计岗等。他们虽然之前没有接触过招聘，我会加强对他们招聘技能的培训，而这些伙伴在各自专业领域的敏锐度和感知力，是非常核心的优势。

当你是一位独立顾问时，你的成就感来自业绩、帮助客户解决多少难啃的职位、获得多少认可的声音。当你是一位团队管理者时，最重要的是定方向、传递愿景、分配资源、抓运营；对于团队成员，要给他们信心、指导、工具和资源。这个时候，你的成就感更多来自下属的成长和业绩，以及你把通过实践总结的方法论分享给团队时，他们又一次去印证这个方法是有效的。

当你拥有一个优秀的团队时，你更希望外界去赞美你的团队有多优秀、多专业、多努力，并且团队成员在你的团队里变成更优秀的自己，这远比认可你个人更有意义。

（3）做好时间规划，平衡个人业绩和团队业绩

相信大多数从0到1带团队的leader都会遇到同样的难题，就是在有限的时间内，如何平衡好团队内新人带教、客户BD、个人做单的关系？

我在带团队初期也遇到了这个棘手问题，因为团队都是新人，而且

大部分是没有招聘经验的AC（Assistant Consultant，助理顾问）级别顾问，所以我每天基本上都是围着团队小伙伴转。自己的时间全部被打成碎片，几乎没有时间全身心地做高端职位交付，并且力不从心，有时候甚至想要“逃离”现场。

我经过思考，做了以下几个方面的优化：

第一，leader自身业务能力方面。因为大部分猎头公司的一线管理者都需要同时兼顾个人业绩，所以在没有充足的个人交付时间的时候，我要求推荐精准度非常高，尽可能推荐一两个候选人就可以面试或者offer，这样才能有更多的时间给团队。

第二，团队成员的能力打造方面。因为新人顾问一般不会要求开发客户，但我希望把每位顾问都培养成360度顾问，这样对个人、团队都是有利的。在新人入职一两个月之后，我开始有意识地让顾问去尝试主动开发客户；入职一两个月内的顾问，我要求其在联系候选人时要同时拿到有效商机，之后我会带着顾问一起来打BD call。经过这样的训练，顾问们逐渐形成了找商机和开发客户的习惯。

第三，时间规划方面。我从之前随叫随到的状态，改为固定时间统一回应的策略。比如我和团队小伙伴约定每天下午2点到4点是团队答疑时间，在这个时间里有任何业务方面、简历方面的问题等都可以统一解答，紧急情况除外。另外，我还约定了每天上午和下午各半个小时的人才报告推荐时间。这样可以保证我有比较大块的时间来专心做客户开发或者核心岗位的交付，也能够保证在新人还没有成长起来的情况下，我可以扛起团队的业绩目标，让团队数据处于正常水平。

团队leader想要更大的责任和平台就需要经历一些压力和痛苦，只凭借一腔热血是不够的，需要常常反思、不断优化，找到适合自己和团队的节奏。做leader也需要有奉献精神和育人精神，培养团队是最重要的。一个高产的独立顾问未必是一个高产的团队管理者，新leader要找到自己的方式，在不影响个人业绩的前提下，能带领全新的猎头团队去达成团队目标不是一件容易的事情。

2. 打造高绩效的猎头团队

高绩效团队打造，是猎头团队管理者需具备的一项关键能力。那么，如何打造高绩效的猎头团队呢？

（1）用使命感激发团队的斗志和向心力

我在面试团队顾问的时候，经常会问到的问题是：你为什么选择做猎头？你觉得做猎头的意义是什么？你希望加入什么样的猎头团队……

为了赚更多的钱吗？用钱吸引来的人最终会因为钱选择离开你。

为了积累更多的人脉资源吗？现在是一个开放的时代，很多工作都可以满足资源积累。

为了更稳定更安逸吗？众所周知，猎头是一个压力大、不确定性高的职业。

然而，有些人会回答我："希望可以通过大家齐心协力，打造中国最专业最优秀的专注在设计领域的猎头团队。虽然开创阶段会有很多困难和挑战，但这件事情本身足够有意义，也足够让人兴奋。"

这就是使命召唤，一个团队首先需要有一个共同的目标和愿景。每个人很清楚团队努力的方向，每个人也知道自己在这个过程中的核心价值，整个团队一旦有了这种认同感，就有了斗志和向心力。

大家不会抱怨加班多，不会在遇到候选人拒绝 offer 时灰心丧气，更不会觉得工作枯燥乏味，反而会全身心投入工作并乐在其中，感觉时光飞逝。

（2）接受团队成员的互不相同而又彼此相容

我发现越是成熟稳定、高绩效的团队，这些团队管理者越倾向用不同类型的下属，有些是外向的、有些是内向的、有些是谨慎的、有些是感性的。

这些高管觉得，如果整个团队都是一个模样其实是很可怕的事情，下属之间或者上下级之间是需要互补的，这样才能取得“1+1>2”的效果。只要整个团队有一个整体基调，比如结果导向、实事求是、客户至上、全心投入等，就能保证不会出现大问题。

作为管理者，要学会欣赏下属的不同性格，接受多样性，懂得包容；学会感恩下属愿意追随你，给予他们更多的鼓励，激发他们的创造性、创新力。

(3) 打造善于学习和分享的团队氛围

持续学习和善于分享是很好的团队黏合剂。我非常看重团队内部是不是善于分享、互相扶持、一起成长。

自从团队组建以来，我坚持组织“双周分享会”。团队每个小伙伴轮流做讲师，自己找一个擅长或感兴趣的主题来和伙伴们分享，之前分享过的主题如《色彩搭配》《名画鉴赏》《服装面料》《中国美术史》等与艺术行业知识相关的话题，也会有一些如《性格色彩》《四柱预测》《十二星座》等兴趣爱好之类的话题，充分激发每个人分享的热情。我会侧重猎头业务能力打造的一系列主题分享，比如《如何打好第一通电话》《如何有效谈薪》《客户开发技巧》等，并且在每一期分享会之后制作一个 vlog（全称 video weblog 或 video blog，简称 vlog，即“视频博客”或“视频网络日志”，是博客的一类）作为纪念，也会发到新媒体平台上进行宣传。

我一直对团队成员说，他们每一个人都是所在领域的专家，市场上没有哪个猎头会比他们更专业，不断地鼓励和激发下属的自信和信念。

慢慢地，整个团队形成了良性的分享环境，大家不仅在分享会上积极踊跃，在平时的工作中也会互相分享、互相帮助。有意思的是，有个顾问说：“这个候选人的作品集太棒了！”这个时候大家一定会一起欣赏，因为都是艺术背景，对于美的东西还是无法抗拒的。这个场景是不是很美好？

（4）制订清晰的业绩目标并持续关注过程数据

虽然猎头公司有一些明确的考核标准，考虑到团队还很年轻，都是新员工，我没有给大家强压业绩指标，而是采用大家自动认领业绩目标的方式。认领多少没关系，但只要认领了目标，就要拼尽全力达成。

比方全年团队保底业绩目标1000万元，挑战目标1200万元。作为团队管理者，尤其是一线管理者，不仅仅是做管理，管理者首先是一个业务专家和身先士卒者，管理者自己都达不到百万业绩，凭什么要求每个下属做到百万业绩。

所以，以身作则很重要。团队管理者先表明立场，明确自己会领取的业绩目标，然后再与每一位下属一对一沟通面谈，分析下属操作的岗位情况、专业技能水平、目前业务进展，甚至可以让下属思考希望今年赚多少钱，然后倒推业绩目标。

每个人认领目标后，我会持续关注每个人的过程数据，比如推荐报告数、面试数、offer数、确认收入、汇款额等，过程中如果发现一些异常或者不健康情况，会在第一时间进行沟通修正。

我认为team leader的核心职责是：做好团队工作规划；为下属创造成功的条件；挖掘下属的优势；解决下属棘手的问题；帮助下属渡过风险，拉回“正轨”；为团队激活各方资源；给下属赋能，不断提升团队成员的胜任能力。

3. 猎头顾问的考核维度及方法

猎头顾问做成一个单子，从接单开始到候选人到岗，一般需要2个月以上的时间。所以，在这么长的时间里，我们需要通过阶段性的KPI

及时了解顾问的状态，以及可能带来的结果，让结果变得是可以预测的，而不是碰运气。

首先，我们需要来清晰界定一下猎头业务中的KPI都包括哪些。

整个猎头业务流程中关键动作有很多，大概列举如下：

- 客户维度：新增客户、新增BD call、客户拜访、新签合同、续签合同等。
- 职位维度：新增职位数、目前有效岗位数、推荐报告数、安排一面人数、面试中的人数、offer人数、入职人数、试用期通过人数等。
- 候选人维度：新增候选人、电话面试人数、候选人见面人数等。
- 财务维度：确认的收入、到账金额、平均收费等。

另外，我还看重团队的系统mapping能力，长期的组织能力就是需要日常一点一滴的积累。

至于这些维度对应的具体数字目标和转化率，猎头行业有指导标准，猎头公司也有数据支持，但我建议每个顾问需要了解自己的业务情况，就像了解自己的身体一样，这些数据和转化率才是真正能指导你的工作行为的。

比如有些顾问推荐精准度很高，推荐三个人offer一个人，而有些可能推荐十几个也没有一个人能安排面试。以上这两类顾问的业务突破点截然不同。

上面列举的这些维度之间有着密切的关系，他们不是独立的，而是相互依存、动态变化的一个整体。

所以，我们不能够孤立地通过单个的KPI来看顾问的表现，也不能搞“一刀切”。

只有通过查看并分析前后关联的KPI，才能看出一个顾问是否在正确的“轨道”上，并且精准地找到潜在问题，及时采取预防或纠正措施。

比如“客户面试人数”这一项KPI，如果一个顾问每周的客户面试量可以达到5个以上，从以往面试通过的基线参考，基本可以预测他每个月可以拿到 2 个 offer。如果他连续几周的客户面试量都是很低，就需要倒推回去看：每周的简历推荐量是否在 15 个以上？推荐量如果不够，再倒推回去看两个指标：手头进行中的职位是否在 20 个以上？候选人电话量是否在 50 个以上？

《刻意练习》一书中提到“大脑记忆 × 肌肉记忆 = 刻意练习”，刻意练习其实就是通过大脑记忆掌握学习的核心方法及核心知识，再通过不断地重复性练习，产生肌肉记忆，最终的产出就是你获得的能力。

在各类 KPI 中，也需要区分核心 KPI 和间接 KPI，并且清晰界定它们之间的关系。上面提到的“客户面试人数”就是猎头业务中的核心 KPI，是猎头业务环节中最需要关注的一项指标。

但 KPI 不是终点，是猎头业务的导航仪表盘。通过上述 KPI 之间的前后关系分析，我们可以想象，KPI 就像汽车中的仪表盘，是帮助你看清现况、分析问题背后的原因的，而不是一些用来“为做而做”的指标。

猎头顾问要学会跟 KPI 做朋友，进行自我健康检查。

团队管理者也要学会用 KPI 来指导团队成员，一针见血地指出顾问的潜在问题，提出针对性的改进行动，并及时跟进改进情况。

在顾问的不同成长阶段，也应该有不同的 KPI 侧重点，猎头团队管理者应逐步培养顾问对待 KPI 的正确态度，以及如何利用 KPI 来促进自我的成长进步。

任何业绩突破都不是一帆风顺的，需要猎头伙伴有很强的信念和意志力。

- 居安思危：业绩好的时候要分析潜在风险，争取把风险降到最低，并做好应对一切可能情况的预案。
- 乘风破浪：遇到逆境时，要给自己加油打气，给自己一个新的目标，重整旗鼓再次突破。
- 永争第一：当业绩表现好的时候，要给自己制订更高的目标，让自己挑战新的高度。

4. 多样化的员工激励

谈到激励，需要考虑物质激励和精神激励两个方面。

首先看物质激励，对于猎头公司来说，激励上应该是“钱优先”的策略，因为猎头行业是结果导向非常强的，基于结果的激励是最有力的激励。

物质性激励因素很多，工资、提成、奖金、福利、股权等。

根据双因素理论，物质激励不仅体现在工资与奖金的分配上，现金与非现金的一次性激励与多次激励、公开激励与不公开激励相结合的方法，都能取得意想不到的效果。

物质激励方面，可以根据公司的业务布局、项目情况、经营情况、人员特点，因地制宜地设计激励方案。

除了物质激励的方式，团队管理者应当善于运用精神激励法来激励员工。比如：

- 目标激励：设计超额目标的额外激励，激发员工的工作激情。
- 荣誉激励：通过授予员工各种荣誉（专项奖）来对员工进行奖励。
- 参与激励：让员工参与目标、机制的制订，增强员工的认同感。
- 情感激励：通过细节点滴关心员工，让员工更有归属感。

这里需要重点强调另一种精神激励的方式——成长激励。成长究竟有多重要？

很多人都喜欢“打怪升级”，感觉会越来越好。对于猎头顾问来说，如果看到自己的成长，哪怕暂时没拿到心目中的收入，也愿意在这里继续奋斗。就好像知道游戏怎么玩了，就算不是每局都能赢，还是会饶有兴致地玩下去。

所以，让顾问意识到，自己在公司是学到了东西，看得见自己的成长，是非常重要的。

如何让顾问感受到成长，有什么好的有仪式感的方法呢？

第一，猎头公司可以在内部设计猎头顾问任职资格认证项目，主要是对“应知应会”知识的学习、培训与考试，所有的猎头顾问必须通过考试后，才可以获得公司顾问的认证，认证可分为初级、中级和高级。

第二，做好日常工作 review（回顾）机制，如团队成员早会、周会、月会，对个人的阶段性目标与能力成长状况进行管理，注意书面记录好沟通的内容；在日后复盘的时候，可以对照当时的沟通记录和猎头顾问沟通，让猎头顾问看到自己有哪些变化。

第三，做好“教学相长”，让资深猎头顾问给新进猎头顾问做分享。这样，资深的猎头顾问在总结和分享的过程中，就会发现自己有了提高和进步。

请员工做老师是很好的方式。

里德·霍夫曼、瑜本·卡斯诺瓦在《至关重要的关系》一书中推荐给开创型员工的一种方法，就是建立“有趣者基金”——这些资金专门用于和他们认识的有趣的人喝咖啡、吃饭。

猎头顾问也应该为自己建立这样一种“人脉基金”。多数公司允许员工报销商务午餐，但几乎没有公司允许员工报销“社交午餐”费用，猎头公司也可以重新审视其投入产出，这些饭局会使公司从中收益。当然，也要记得让员工在团队分享他们通过“社交午餐”了解到的信息。

5. 战略联盟，共寻新机遇

猎头顾问要有开放合作的理念，这种合作不仅包括甲乙方（企业与猎头），还包括猎头同行之间、非同行之间的合作。

大型猎头公司内部也要有更多的协同与合作，比如负责不同城市同类岗位的猎头顾问资源互通，或者提供不同业务领域（如猎头与咨询、测评等）的同事可以共同支持一家大客户的不同需求，如果合作成功，可以按一定的比例分配业绩或提成，实现共赢。

还可以考虑多家小型猎头公司，或者大小猎头公司之间的“联姻”，联合“你的交付能力”和“我的 BD 能力”，或者一些没有精力交付的岗位采用同行联盟的形式，也是不错的选择。

猎头顾问需要“博爱”，对所有人都抱有善意，这样才会有越来越多的人愿意与你合作，给你提供帮助。此外，还需要有胸怀和格局，视野有多广，舞台才会有多大。

相信猎头顾问之间也会因为客户或者候选人的一些资源利益问题有所摩擦，如果你正在面临一些棘手的情况，该如何去解决呢？

以下是我曾经碰到的两种情况，以及建议的解决思路。

第一种情况：如果你的客户向你反映，你所在的猎头公司，有其他同事绕过你直接联系了你正在合作的客户，应该如何处理？

- 客户界面，先不要做任何回复，应该先去找当事人，问清楚前因后果，不要听一面之词。
- 与同事商讨解决方案，如何统一口径对接客户，以及双方的合作分账模式等。
- 按照商量好的口径回复客户。
- 提醒同事，以后可以先在公司内网查一下该客户是否已经合作，先内部沟通会更好。

第二种情况：如果你碰了同事的客户，人家找上门来，又该如何处理呢？

- 和当事人道歉，不论有意还是无意，碰了别人的客户总归不好，先要表明态度。
- 接下来可能自己的把控力度就不大了，要看你碰上了什么“高度”的顾问和多么“较真”的客户。
- 自己可以做一个判断，基于这位顾问和这位客户方 HR 的能力、人品、处理事情的水平，是否值得你继续合作。

另外，强调一点，有时候在得到相关合作伙伴允许时，交付顾问可能会直接与合作伙伴的客户沟通职位、对接进展，一定要记得无论什么原因，都不要得罪别人的客户。

如果是同事的客户，要给予更多的宽容，即使客户方 HR 非常不专业。因为每 BD 一个客户都需要付出努力，你没有权利去破坏人家用心维系的客户关系。

真的遇到了情况，还是先反馈给那位合作伙伴，后面的事情由他出面比较好。

总的来说，猎头顾问要通过协作，创造多赢局面，包括组内合作、跨组合作、跨企业合作等，只有企业好、行业好，个人才能好。

第 12 章

优秀的猎头顾问画像及自我修炼

1. 优秀的猎头顾问的人才画像（素质层面）

（1）匹配基础上的销售思维

优秀的猎头顾问，一定是有销售思维的。

如何体现销售思维？

就是发现职位的亮点和候选人的核心诉求点，做到最佳匹配，headhunter（猎头）=matchmaker（媒人）。

猎头做的也是“生意”，只是猎头接触的产品是人。

做猎头和销售也有不同，销售只要有人买你的产品就可以了，而猎头做的是人的生意，不仅要有人买，候选人还需要信任你，愿意由你推荐他。这生意如何做得让双方都舒服，形成双赢甚至多赢局面，是需要历练的。

（2）以客户需求为导向的服务意识

猎头始终是与人打交道的服务行业，而且是与最优秀的人交往、交流的服务行业。优秀的猎头顾问，一定要具备以客户需求为导向的服务意识。

因为服务人的职业，最重要的是用心，只有站在客户的角度去沟通和解决问题，有效地分析候选人的情况，才能把握客户真实准确的需求，给候选人推荐适合的职位，才能最终获得客户和候选人的信赖和认同。

（3）值得信赖的专业形象

对企业客户和候选人而言，都希望能从猎头顾问处获得最客观和真实的信息与建议。一个专业、坦诚的顾问，一定是双方都愿意信赖的。

因此，在与客户沟通的过程中，应坦诚地告知客户关于候选人的优势与劣势，针对候选人的弱点，给企业提出管理建议。

对候选人，应告知企业当前所处的发展阶段，需要解决的问题；选择这样的平台可能给候选人带来的机遇及风险；根据候选人的个人需求及职业发展方向、路径等，给出明确的引导和建议。

猎头顾问的专业，还体现在对行业、企业与职位的深度了解上，以及对人才的精准识别上。何为专业，就是做事情的稳定性，就是专业水准的保持。

猎头顾问要确保每一次出手都能拿到 80 分以上，而不是一会儿 100 分，一会儿 30 分。稳定发挥的背后是运营的逻辑，如果猎头顾问的眼中只有短期的 KPI，只关注要达到的数字，就无法真正思考一件事情内在的运营逻辑，会忘记做好一件事应该打下什么样的基础。

猎头顾问要思考稳定业绩产出的运作逻辑和最佳“姿势”，才能让自己抵达 120 分的“蓝海”。

《精进 2》一书中提到，如果一个人在一个领域中只建立了“硬件”模块库，那么他很可能只能胜任一些初级工作，作为流水线上的一个环节来劳动，因为他没有把这些基本技能组合起来的能力；模块化的工作系统 = “硬件”模块库 × “软件”模块库。

猎头的工作不仅是知识型工作，还是技能型的工作。猎头顾问不仅需要知道行业、企业、岗位相关的知识，还需要懂得如何变通，如何应对变化，需要“往上一步”，掌握更多软件模块的内容。

（4）围绕核心竞争力的持续学习能力

优秀的猎头顾问一定是有自己的核心竞争力的，《暗时间》一书提到了四种核心竞争力：专业领域的技能、跨领域的技能、持续的学习能力、性格要素（专注、持之以恒、自省、好奇心等）。

一名专业的猎头顾问，不但要掌握人力资源的专业知识，还要广泛涉猎心理学、管理学、财务等方面的知识。同时，对于客户所在行业的发展现状、未来发展趋势等，也要有较深入的了解。

这样，自己才能与其他猎头顾问拉开差距，给客户与精英候选人留下深刻的印象，愿意与你进一步合作。持续学习是终身要做的事情。亨利·福特曾说过："不管你是 20 岁还是 80 岁，只要停止学习，就说明你老了。坚持学习的人则永远年轻。人生中最大的乐事，莫过于保持头脑青春永驻。"

在学习之余，还要保持独立思考与深度思考能力，形成自己对问题的独到见解和认知，这样才能给客户不一样的启发。

（5）具有成效的沟通能力

对猎头顾问来说，与客户、候选人的沟通效果是很重要的，而沟通应该是双向的。有效的沟通是以良好的倾听为前提的，对信息进行分析和判断，然后给出合适的反馈。

在沟通的过程中，还应提高洞悉力，不断推敲一些看似无关的外在表象背后的必然关联性，才能明白客户与候选人真正想要的是什么，并采取有针对性的沟通方式，最终成功影响客户与候选人，使候选人的成功被录用。

与不同的人沟通，第一重要的原则就是同维度。升维、降维还是平维，是在整个交流过程中要把握好的。

如果候选人开口就问职位薪酬，说明候选人并没有把你放在顾问的维度，而是卖职位的维度，可以先回答对方一个较为明确的带范围的数字，就比较容易进入共同维度，从而产生共同话题。

所以，顾问要懂得分辨候选人处在哪个思维层次上，是 CEO 思维还是 VP 思维、director 思维、manager 思维等，才能用合适的维度去切入与候选人沟通。

沟通能力的另一个表现是沟通影响力，就是能不能说服客户及候选人。一名优秀的猎头顾问，总能列举出几个通过说服使事情“化险为夷”的案例，比如客户与候选人双方薪酬谈不拢的情况。

（6）对工作永不停息追求的坚韧性

猎头行业是一个高挫折的行业，如果没有一颗坚韧的心，很难在这条职业道路上走远。抱着乐观豁达的做事态度，善于坚持忍耐，才能啃下难啃的职位，笑到最后。

这不是一个受委屈跟人讲道理的世界，这是一个用时间和行动证明自己靠谱的世界。

我从中汲取了宝贵的教训：绝不要以为招聘已经结束，每天你都应该针对每一个职位进行招聘，因为你稍有不慎，就可能面临挫折和危机，如候选人放弃 offer 或入职后突然离职。

我非常喜欢《坚毅》这本书，里面提到两个很有用的公式：天赋×努力=技能；技能×努力=成就。

如果猎头顾问能善用这两个公式，通过实际行动与坚持不懈，一定可以在猎头领域有所成就。就像连续剧《安家》里的一句经典台词：“发现目标，一口咬住，绝不撤口，坚持到底！”

2. 优秀的猎头顾问的人才画像（技能方面）

在电影《中国机长》的结尾，有这么一句话：“敬畏生命，敬畏职责，敬畏规章！”

在极度危急情况下，刘长健机长最终把 119 名乘客和全机组人员安全带回地面。除了临危不乱、沉稳冷静，还有日复一日的训练，高水平的专业能力。

猎头顾问也同样有一些核心的专业能力。

（1）人才搜寻能力

人才搜寻是猎头顾问的基本功，也是区分优秀猎头顾问和普通猎头顾问的重要标志。

优秀的猎头顾问绝不会以人才库数量作为炫耀的资本，而普通猎头则把简历量当成 BD 的“敲门砖”。

优秀的猎头顾问可以在短时间内，从无到有完成目标人才 mapping 并提供寻访报告，而普通猎头主要是上招聘网站搜索简历。

优秀的猎头顾问会千方百计与优质人才建立联系，找到并吸引“被动”人选，而普通的猎头顾问只是借助现成通讯录或人才库，浅尝辄止地询问人才意向。

（2）人才甄别能力

判别猎头顾问的优秀程度，其中一个标准是：他是否面试过推荐的每一个候选人，并且对候选人能力的高低有专业评价。

优秀的猎头顾问永远不会推荐未经面试的人才，而普通的猎头顾问一拿到简历就迫不及待地做报告。优秀的猎头顾问会与候选人就专业问题进行不少于 20 分钟的沟通，而普通的猎头顾问根本不敢与候选人聊专业。

猎头顾问并非行业专业人士，也许在提出专业问题方面有些难度，但并非无计可施。

优秀的猎头顾问会这样问专业问题：贵公司在您的业务领域范围内有哪些挑战？您如何应对这些挑战？您遇到最困难的项目或案例是怎样的……通过候选人回答的清晰性、深度、独到性，去判断候选人的专业能力。

优秀的猎头顾问的一个重要特点，便是能够站在企业 HR 的视角去全方位考察候选人，提供专业评价，而不仅仅是提供一份简历。

（3）准确把握人选的诉求和动机

绝大部分的优质人才都属于被动求职者，有着稳定的工作和不错的发展，如何说服他们接受面试并顺利入职，是优秀猎头的必备能力。

我很多次被高端候选人称赞，其中有一次让我印象深刻。

在和一位创意岗位的高管见面时，这位高管对我说："我觉得你真的很厉害！你知道吗？我每天接到不只三个猎头电话，我几乎都是拒绝的，因为我不考虑机会。而你不同，你会客观地和我分析市场和企业情况，并且询问我的需求和痛点，最重要的是你真的会用心地解决这些痛点，并快速给我反馈，以至于到最后我再也没有任何理由拒绝你提供的机会。"

优秀的猎头顾问不会在意候选人当前是否想跳槽，而是思考如何吸引对方接触机会，普通的猎头顾问则在碰壁之后，不假思索地转向下一个目标。

优秀的猎头顾问会从文化、职责、团队、成长等角度影响候选人，而普通的猎头顾问只有"平台大、发展快、薪资高"最原始的"三板斧"。

每个优质的候选人都会同时被多个猎头顾问联系，但候选人不会和所有的猎头顾问沟通内心真实的想法。优秀的猎头顾问善于用咨询师的方式与候选人交心，而普通的猎头顾问只看到候选人表面的回复。

优秀的猎头顾问关注候选人的想法，并从对方的角度看待职业机会，通过多角度的沟通引导，逐步将不看机会的被动求职者转化为有意愿的主动求职者；而普通的猎头顾问只是简单的推销职位，无法理解他人的内心活动，更不能通过多维度的信息分享与外力助推，激发候选人的内在动机，直至有明确的职业转换意愿。

（4）与优质人才维持长期关系的能力

猎头顾问最重要的竞争力，不是简历资源，而是与优质人才的相互信任关系。简历可以通过搜寻获得，甚至可以买，但信任只能由时间积累。

猎头职业属于典型的“时间的朋友”，随着时光流逝，每一个候选人都将成为猎头的财富，但前提是你要与候选人建立长期的联系。

不少猎头从业多年，却遇到瓶颈无法突破，很重要的原因是不断地认识新人，也不断地与老朋友失去联系，最后发现自己还是原地踏步。

优秀的猎头顾问以交朋友的心态去结识候选人和企业 HR，朋友是不会上来就谈生意的，而普通的猎头顾问只会把你当成赚钱的对象。

优秀的猎头顾问会记住每一个他重视的人才，在通讯录中备注好姓名和职业背景，而普通的猎头顾问在加你微信之后，过了两周就忘记你是谁了。

优秀的猎头顾问会与人选保持定期沟通，了解对方的动向和想法，而普通的猎头顾问要么不会回访，要么像机械人一样群发无意义的节日祝福。

对于以前联系过的优质候选人，虽然很久没有见面了，定期都会问一下对方的近况。如果看到其朋友圈说来上海出差，就会问对方有没有空一起喝咖啡。除了定期联系，我还会经常发关于他服务客户的新闻甚至 PPT（不涉及保密及隐私的情况下）给候选人，主动帮客户传播雇主品牌……这样才能达到猎头的“匠心”。

有些猎头顾问常常期望候选人能帮忙引荐其他人才或提供行业信息，却忘了你们连朋友都称不上，对方凭什么要花时间帮你？

与优质人才建立长期联系，就像买入一支潜力股，短期可能没有收益，但会在未来持续增值。

（5）与企业高管平等对话的能力

与企业高管能在一个平面上沟通，是优秀的猎头顾问的“能量”体现。

怎样才能达到这个程度呢？猎头顾问需要做到以下三点：

- 有沟通的勇气和自信：大部分高管都有良好的修养，但很多猎头因为缺乏自信而无法和高管做更多的交流。

- 有足够的情商：不能让对方感到厌烦，能够敏感地察觉对方关注的重点、感兴趣的话题，然后有策略地调整沟通的节奏和内容。

- 快速把握需求、提供价值的能力：高管的耐心是有限的，你必须很快掌握他的关注点，并让他看到其需求如何在顾问推荐的职业机会中得到满足，或者让对方看到顾问能给他带来什么其他价值，比如引荐同等级的大咖，或者免费推荐优质人才、交流行业最新资讯等。

猎头要“上得厅堂，下得厨房”，做“大岗位”要有能力，有能力和自信与高管对话；做“小岗位”也能保持踏实的心，去除浮躁，以客户需求为中心并抱着帮助年轻人规划好职业方向的信念与其沟通，这样会使猎头工作更有乐趣和意义。

猎头需要艺和术，两者缺一不可。有艺无术，谈行业头头是道，谈客户情况一清二楚，但是到了推荐候选人的时候，质量差、匹配度低，不是一名好猎头。有术无艺，每天推荐很多简历，但无法给客户分享人才市场情况，没能力为候选人提供职业发展建议，最后变成了“简历运输机”，也不是猎头的理想状态。

所以，猎头也是门艺术，缺一不可。

3. 直面不确定性，修炼“反脆弱”能力

2020 年初爆发的新冠肺炎疫情是重大的不确定性事件，一只非常大的“黑天鹅”，至今对社会、对经济的影响仍在持续。

对于猎头公司、猎头顾问来说，如何在疫情的影响下做好业绩管理，几乎是所有的猎头公司、猎头顾问面临的一大难题。

在不确定性中找到确定性，对于自我管理和团队管理是一个极大的帮助。

我们先来看看，有哪些历史经验会让猎头更加从容地应对这次疫情带来的影响。

（1）不断归零的强大心态

猎头本身就是一个不断归零的生意，每个顾问都经历过业绩不断归零的过程。短则一个季度，长则一年，就要重新开始新的业绩目标。

除了业绩会归零，很多顾问也经历过行业的转变，有的是主动选择改变。比如有的顾问原来从事若干年制造业、地产等行业的猎头，后面结合新兴行业的发展，转型做互联网、人工智能等行业的猎头，并且很快抓住机会做大了。这些猎头顾问熟悉不只一个行业，也有一套学习和进入新领域的方法。

“七分靠打拼，三分天注定”，运气往往是机会恰巧撞到了你的努力。

（2）强化两项能力的修炼

不论猎头公司采用的是传统的 KA 模式，还是 PS 模式，不论什么行业、背景、性格的猎头顾问，都有一个共同点，就是“猎头的技能 + 特定领域的专注”，猎头顾问的能力就是在两者之间达到一种平衡。

PS 模式下猎头顾问的技能更强，对 KPI 的关注程度要大于 KA 模式下的猎头顾问。反之，KA 模式下的猎头顾问，对于行业的认知深度通常要强于 PS 模式下的猎头顾问。

总体来说，对“猎头的技能 + 特定领域的专注”进行“两手抓”，达到“两手都要硬”是提升猎头抗风险能力的基础，也是猎头顾问自信的来源。

（3）结果为王的文化导向

猎头行业对最终交付结果，以及导向“好结果”的过程 KPI 非常重视，可以说比任何企业的招聘部门都要强。

猎头不管选择操作哪个行业，都要对这个行业充满热爱，去看阳光的一面，而不是一直抱怨行业不好。我做的服装行业偏传统，不会一飞冲天，也不会一夜消失。在一个行业深耕到极致，一定会有机会，如果朝三暮四，今天觉得医药行业好，明天觉得金融互联网很赚钱，最终很难建立自己在行业的地位和口碑。

对于猎头顾问来说，首先需要深度分析，判断自己手上有哪些客户是不受或者比较少受影响，然后对客户进行排序，抓住重点，这样可以将大环境的影响尽可能地降低。

要多问为什么，去了解表象背后的真实原因。比如一个高端岗位出来的背后，反映的是企业的什么诉求？在全球疫情如此严峻的情况下，为什么有些品牌能逆势而上……明白背后的逻辑，我们会更有安全感，提升“成事”的概率。

其次，通过疫情对相应行业的影响周期，猎头顾问要规划和预测自己团队的业绩回转情况与现金流情况，在不确定性中寻找到确定性，这对于猎头顾问的自我管理和团队管理起着较为重要的作用。如有必要，有的猎头团队可能需要和团队成员做一些沟通，来调整薪酬预期。

这时候，团队的情绪管理就起到非常重要的作用，这对猎头团队管理者的领导力是一个挑战，也是修炼领导力的机会。当整个团队的情绪和士气被调整好以后，效率会有极大的提升，结果也会越来越好。

在应对疫情影响方面有如下解决方案，可以分四步走：

第一步：回款和现金流管理。

①统计每一个 offer 的情况并注明回款日期。

②计算目前的回款能否支撑团队每个月的开支和成本。

③现金流面临困难的团队，要主动采取相应的措施来控制成本。

第二步：对客户、行业分类，以及对未来的业绩预测。

①把受疫情影响不大的客户作为 Top 客户，进行优先排序并重点突破。

②对受疫情影响较大的客户，要做好客户关系维护和关键职位储备。

③结合团队成员的经验优势，主动开发新客户弥补业务不足。

第三步：管理好团队的士气。

①对公司和团队要坦诚、透明地沟通。

②用信任来化解压力，克服团队情绪波动带来的工作影响。

③团队管理者要始终保持积极乐观的态度，多使用正面鼓励与激励。

第四步：让每个成员为结果和过程目标的达成负责。

①充分授权，调动小团队的积极性，自下而上释放潜力。

②如果团队过大，建议分拆，明确目标责任，让组织更扁平，领导力更下沉。

③为特定的项目设立灵活的跨组织小组，使顾问资源得到更优的配置与利用。

无论市场如何变化，业务如何更新，人还是创造价值的关键。企业吸引人才的脚步不会停，反而会更加“上心”。

当猎头顾问把环境的不确定性视为对自己的考验，作为一次全面锻炼与提升能力的机会，勇敢面对挑战，坚定信心，保持乐观，厚积薄发，为疫情过后的新景象做足准备，就一定能走出困境，迎来光明。

4. 新进猎头顾问如何逐步进阶

新人进入猎头行业后，其在猎头领域如何逐步“进阶”？这是很多猎头顾问关心的问题。

如果以年度个人产值为标准（指猎头顾问在一个完整财年内从客户端的回款总额），基本可分为以下几个阶段。

（1）新人期（单产0～50万元/年）

这个阶段的猎头顾问最艰难，因为从新人到成熟顾问，需要积累大量的知识与人脉。一方面需要强大的自驱力去学习；另一方面也需要时间对工作成果进行检验。

一般来说，一年时间能完成30万～50万元的业绩，在猎头生涯算作有一个不错的开始，少数优秀的人可以更早地完成突破。

新进猎头可以把一年时间作为一个分水岭，思考自己是否适合继续在猎头行业打拼下去。鉴于有一些“大器晚成”的猎头朋友，或者其所负责的客户行业确实需要大量的时间积累，也可能需要一年半或两年才能达到。

大约有三分之二入行的年轻人是在这个阶段选择离开猎头行业的，大多数是因为无法取得突破。离开的原因大多不是能力问题，而是意愿问题，比如不愿意付出足够的努力，承受不了长期的压力，没有足够的信心坚持下去，给不了自己足够的时间沉淀。

这个阶段，新人的薪水要略低于大部分行业，猎头底薪在5000～9000元/月比较常见。每家公司薪水计算方式不同，但大同小异。

（2）成熟期（单产50万～100万元/年）

这个阶段的猎头顾问较为常见，工作两年的猎头顾问，基本年度个人产值都能稳定在50万元以上。这个阶段并不特别依靠天赋，只要付出足够的努力基本都可以达到。

相当一部分猎头顾问两三年，甚至四五年都停留在这个阶段，他们面临着猎头生涯的第一个瓶颈期——因为有一定的人脉资源积累，很容易陷入舒适圈。如果沉迷舒适圈，就很难再往上突破。

如果这个阶段持续好几年，个人业绩没有突破，猎头顾问很有可能另寻出路，比如去小猎头公司做小团队管理者，或者转做甲方HR；也有一些猎头顾问会因为行业或者公司原因，积极寻找新的突破，换个行业或者公司，但原来的瓶颈依旧存在，可以说是治标不治本。在这个阶段，还能留在猎头行业继续前行的，估计还剩下三分之一。

这个阶段，猎头顾问的底薪有较大提升（达到8000～15000元/月），加上提成的总收入，对比企业HR，已经体现一些优势，但还算不上高薪。

（3）高产期（单产100万～200万元/年）

突破100万元，就能看到一片新的天地。这时候猎头顾问已经对细分市场有相当深入的认识，人脉、客户资源也都有积累，剩下的就要看思想格局和机遇了。

因为大部分的百万猎头顾问都是各个猎头公司的“宝贝”，如果能到这一步，算是走到了猎头生涯的第一个“小高峰”。

这个阶段的猎头顾问要面临三个挑战：

第一，能否持续保持高产？这个不会太难，因为这时的猎头顾问已经有候选人及客户积累，只要行业不出现大的变化，稳定百万业绩并没有太大问题。

第二，业绩能否连年再上新高？此时很多猎头顾问的差距开始拉开，天赋、行业、公司平台、客户资源等方面因素都有。有人很快就能冲破150万元，并且连年稳定在这个水平之上。但有的人由于年龄、精力等因素，一直难以突破到更高水平，所以多数顾问在100万元以后就开始寻求团队管理上的发展。

第三，能否组建一个有持续高产业绩的团队？这个问题应该是大多数资深猎头顾问要面临的第二个瓶颈。这个时候的猎头顾问，应该要有一个小有规模的团队，有一两个可以培养的高产顾问。

猎头团队如何带出新人，并且让新人迅速成长到成熟期甚至高产期，是各大知名猎头公司的核心竞争力之一。

这个阶段的猎头在市场上是比较吃香的，跳槽比较容易，甲方、乙方都欢迎；是留在“老东家”持续深耕，还是去其他猎头公司再赌一把，又或者创业、当 HR 经理等，选择比较多。

到了这个阶段，才能说猎头是高薪行业，但距离冲着“高薪”这个名头踏入行业的顾问来说，可能已经过去好几年了，当年一起入行的伙伴，也只剩当初的十分之一。

（4）管理期（团队业绩 300 万元以上/年）

这个阶段可以再细分为 300 万元团队、500 万元团队、1000 万元团队等。

根据猎头顾问的不同潜质，快的八年甚至五年就可以达到这个阶段，也有十几年才能达到的。绝大部分猎头顾问的归宿都在这个阶段，如果能有一个稳定高产的顾问团队，可以说自己在猎头行业真正站稳脚跟了。这时候的选择也比较多，比如创业、转甲方当管理层，或者继续往上当猎头公司合伙人等。

有一位资深的猎头公司创始人曾和我说过这样一句话：做猎头有三个目标，第一个目标是成为百万业绩顾问，第二个目标是成为百万年薪顾问，第三个目标是打造千万业绩团队。目标很清晰，剩下的唯有努力奋斗。

5. 资深猎头顾问的未来职业选择

资深猎头顾问该如何规划自己未来的职业生涯呢？大概有以下几种发展路径：

（1）继续在猎头行业发展

①在猎头公司从事高端猎头工作，做资深的老猎头（技术）。

这一类的猎头顾问，一直在猎头行业精耕好这一块“自有地”，时间长了慢慢形成坚实的行业壁垒，客户很认可他们，而他们也只为这一领域的客户服务。

如果有合适的平台，做一个永远的“资深顾问”也是不错的选择，相对简单与纯粹，达到“胸中有丘壑，点滴皆成单”的境界。

②在猎头公司从事合伙人角色（管理 + 技术）。

猎头合伙人在目前的猎头公司中，越来越成为一个趋势。但同样被称为合伙人，各自的形态各有不同，有些是业务合伙人，享受业务奖励和一定的年底分红；有些是创始合伙人，他们与公司荣辱与共，盈亏共担。不同的方式，猎头顾问对应的地位与收益也会不同。

③自己开一家猎头公司（综合）。

猎头业务是资源型的业务，当猎头顾问积累了足够多的行业资源和业务经验，和几个志同道合的同事或同行携手创业的例子非常多。

开猎头公司，自己做老板，这或许是大部分猎头从业者或深或浅藏在心里的那个理想，也是猎头从业者在一定条件下最容易达成的。至于是否活得好，冷暖自知。

④团队型猎头公司（有专业的资深猎头顾问团队 + 投资人）。

创建专注创投圈中高端人才服务的机构，一端连接有招聘高管需求的金融、投资机构或需搭建团队的初创公司，另一端连接有职业发展需求的中高端管理人才。人才服务机构在中间匹配招聘需求和求职意向，致力于实现创投公司和人才之间的匹配。

（2）企业人力资源管理方向

猎头顾问从事一段时间猎头工作后，也可以转到企业从事人力资源管理工作（尤其是招聘管理工作）。从乙方转到甲方，成为公司招聘的中坚力量，这类转型是猎头行业中比较常见的。

有这种转型倾向的人，一般有三种情况：

第一种，不适应猎头的高压工作，希望找稳定一点的工作。

第二种，已经从事多年的猎头顾问工作，但一直缺少甲方公司的经验，想弥补这方面的不足，将来可能还要回到猎头行业。

第三种，将猎头作为自己人力资源管理的职业经验，加强招聘模块的优势和经验，为将来从事人力资源总监或更高岗位打下基础。

猎头如果想转型做HR，早转比晚转好。因为经验少的时候还可以沉下心来做“轻车熟路”的招聘工作，一旦达到一定的资历，反而“高不成低不就”了。

（3）职业规划师/咨询顾问/职业心理咨询师

这个方向适合顶尖的猎头顾问，就是专为精英提供个人心理咨询、职业规划等咨询服务的人员。

①加入全球顶尖的咨询公司，成为某一领域精英级的战略专家。

这些猎头顾问一般具有以下特征：在国际知名的大型人力资源服务公司供职多年，对于行业有深刻的理解，掌握了海量的高端候选人及业内顶级、优质的客户，有多年辅导团队、领导团队的执行经验，经过多年正规化、体系化猎头业务技能的磨炼，终于成为能够发挥最大价值的“顶级人才经纪人”。

为什么顶尖的猎头顾问能走这个方向？

这是因为顶尖的猎头顾问一般都有坚实的产业基础，并且有多年的业务实战经验，是真正意义上的行业一流精英和战略咨询专家，其业务形态更加侧重咨询而非销售。他们有经验、有资源、有技能，能够帮助企业实现战略落地。

这类顶尖猎头顾问的服务是这样的：

- 作为行业顶尖的战略咨询顾问，协助制订企业创新发展战略。

- 从战略的层面优化组织结构。
- 用猎头技术寻访高端候选人，将组织优化的战术落地。
- 为人才梯队的建设及精英员工的赋能增效，提供有前瞻性的咨询建议。

②培训师。

培训师和猎头顾问一样，需要的能力素质模型有一定的相似性。

猎头顾问需要的是信息获取能力、需求分析能力、沟通能力、客户把控能力、交付能力等；培训需要的是知识储备能力、需求分析能力、表达能力、呈现能力、控场能力等。

从猎头顾问转型做培训师的人也不少，有的是讲人才招聘的课程，有的讲管理者能力提升课程……比起课程内容，顾问本身具备的素质才是真正的核心竞争力。

③职业规划师。

猎头工作做到一定程度，猎头顾问自然会培养出一定的职业规划能力，因为简历看得很多，职业发展成功或失败的案例也看得很多。

所以，根据候选人的过往职业发展路径，结合与候选人沟通的情况，猎头顾问就能判断出某个人的发展路径如何才是最佳的。

④心理咨询师。

还有一些猎头转型为心理咨询师，市场上比较多的咨询需求还是集中在婚恋、家庭、子女教育等方面，涉及职场心理的需求并不多。

（4）其他方向

①人事外包（RPO）。

很多大型的人力资源服务公司除了提供猎头服务，还提供标准化RPO服务。

RPO业务单次收费没有猎头高，但是业务收入更稳定，候选人来源更充足，候选人的把控难度要远低于猎头业务候选人。

②猎头的猎头（R2R：Recruiter to Recruiter）。

猎头行业有一个独特的现象，猎头公司本来就是帮企业招人的，但是他们自己的招聘却是难上加难。

猎头这个职业，流动性很强。好的猎头顾问一般会被猎头公司老板照顾得很周到，给平台、给职位、给团队、给分红、给福利、给支持……总之，真正有价值的猎头顾问在猎头公司老板眼里是标准的“印钞机”，无论如何也不能让他离开，所以这部分人市面上一般是挖不动的。有些能力很强的猎头顾问不甘心屈居人下出来创业，也是挖不动的。

市面上流动性比较大的那些猎头顾问，可以说是鱼龙混杂、泥沙俱下。新进顾问在猎头公司刚刚被培养起来，能够独立操作案子，就迫不及待跳槽了。因此，很多猎头公司一直处在缺人的状态……这时候，猎头行业 R2R 业务应运而生，因为市场需求很大，有些资深猎头顾问，利用自己在猎头圈的资源，把猎挖猎头顾问发展成专门的业务。

③猎头做单平台。

资深猎头转型的其中一个方向是建立猎头做单平台，结合移动互联网与传统猎头业务，吸引其他众多的猎头为他们做单。

这种平台本身不需要承担猎头顾问的成本，还可以通过风险投资进行融资。

④猎头服务工具。

还有一些猎头顾问投身猎头业务管理软件的销售和服务（如简历匹配）工作。

市面上做这类软件的非常多，价格差距不大，功能也大同小异，主要是利用“爬虫”技术抓取简历，提供给猎头公司及猎头顾问；有些利用现有数据库，通过大数据匹配和 AI 技术，直接帮企业 HR 做初级筛选和邀约面试。

⑤传统招聘网站的高端猎头或者会员销售。

有些猎头顾问跳槽到传统招聘网站，帮助他们发展一些中高端的猎头业务，以便实现传统业务向新业务的转型。

⑥职业社交网站的会员销售，或者建立职业社交网站。

有些职业社交网站能够帮助企业开展人才推荐的业务，猎头顾问如果到这类平台，主要为其他猎头同行推荐网站服务，因为他们熟知猎头业务的流程和痛点，与猎头同行又有相同的经历、共同语言，因此比其他销售人员有优势。

⑦彻底转行。

有些以销售为侧重点的猎头顾问，转型做财富管理行业、保险行业销售。他们利用以往的高价值人脉关系及本身的销售能力，做线下销售工作。

有些既懂行业，又懂识人的资深猎头顾问，被挖去投行做投资经理，主要做投资分析或者投后管理，这算是借助猎头业务的人脉资源作为职业转型跳板，从而顺利跳入高大上的金融行业，成为精英翘楚。

总体而言，猎头这个职业对每个人的意义都是不同的。毕竟不同的人会有不同的成长，不同的诉求。

但是猎头与其他职业相比，它的纵向职业生命线较短，能够把未来的走向一眼看到底，但是横向的职业生命线比较宽。不同的猎头顾问，对于所掌握资源的运作和变现能力各不相同，归根结底，还是看猎头顾问本身的实力、自我定位与资源状况。

村上春树说："这个世界上根本没有正确的选择，我们只不过是要努力奋斗，使当初的选择变得正确。"

猎头顾问的历程，就是努力奋斗的历程。你的好运气就藏在你不为人知的努力里，藏在你的实力里。你越努力，就越幸运。

致　谢

要借此机会感谢一直以来想要感谢的人。

感谢我的妈妈。她教导我靠人不如靠自己，这个思想到现在也很受用。我会尽全力把事情做好，不依赖别人，让自己越来越强大。

感谢黄渊明老师。他的著作我都拜读过，也吸收了很多精髓。有幸和黄老师合著出版此书，我们从不同的视角诠释了多样化的观点，相信会给读者带来一场不一样的人才招聘“盛宴”。

感谢所有公司的领导和同事，让我不断提升专业能力，才有机会把实战经验提炼总结成书中的观点。

感谢家人、好友们一直以来的鼓励和支持，让我有勇气不断拼搏和超越自我。当然，还要感谢读者对我和黄老师的支持，从黄老师的《把招聘做到极致：我这样做到世界500强招聘经理》一书持续位于招聘类书籍前列，到《把招聘做到极致2：灰度招聘全攻略》一书的持续走高，再到这本以猎头为主题的专著问世，每一本都是多年招聘实战经验的总结和分享，相信大家会在文字间感受到我们倾注的热情与诚意。当然，这本书还有很多不足之处，也请各位专家、读者多多指正。

老板·创业			
一、经理人			
书名	内容	书名	内容
老总有想法，高层有干法 王清华　著	企业将、帅之间的定位问题、角色问题、方法问题、思维问题、管理问题等	**历史深处的管理智慧1：组织建设与用人之道** 刘文瑞　著	通过历史鉴照当今企业选人用人、二代接班人、创业团队管理等问题
历史深处的管理智慧2：战略决策与经营运作 刘文瑞　著	通过历史鉴照当今企业决策、战略规划、战略冒进、决策监督等问题	**历史深处的管理智慧3：领导修炼与文化素养** 刘文瑞　著	通过历史鉴照当今企业的领导修养、用权、管理风格等问题
老板经理人双赢之道 陈明　著	经理人怎么选平台、怎么开局，老板怎样选/育/用/留		
二、用人			
用好骨干员工 王敏　著	系统化分享关键人才打造与激励方法	**领导这样点燃你的下属** 孟广桥　著	领导者如何才能让员工积极主动地工作
让用人回归简单 宋新宇　著	帮助管理者抓住用人的要害，让用人变得简单	**激活新生代员工** 史量　孙斌　著	走进新生代的世界，一套行之有效的管理、激活90后、95后、00后的方法
三、转型·创业			
创业要过哪些坎 董坤　著	15年创业咨询经验总结的创业遇到的问题及办法	**高潜牛人** 董坤　著	创业和事业发展中如何找到牛人
成为下一个SaaS独角兽 崔牛会　主编	19位SaaS领专家，7个不同的视角总结SaaS行业实践	**创模式：23个行业创新案例** 段传敏　著	CEO社群23位企业家的思考与实践分享
重生——中国企业的战略转型 施炜　著	本书对中国企业战略转型的方向、路径及策略性举措提出了建议和意见	**7个转变，让公司3年胜出** 李蓓　著	企业估值、业务模式、营销、生产制造、客户服务、用户黏性、组织管理7个转变
企业二次创业成功路线图 夏惊鸣　著	五步骤给出了一幅企业二次创业经营突破、管理提升的成功路线图	**跟老板“偷师”学创业** 吴江萍　余晓雷　著	如何通过“偷师”学习与积累当老板的阅历
公司由小到大要过哪些坎 卢强　著	企业成长路线图，现在我在哪儿、未来还要走哪些路都清楚了	**跳出同质思维，从跟随到领先** 郭剑　著	66个精彩案例剖析，帮助老板突破行业长期思维惯性
极速增长：企业扩张策略 董坤　著	以“8shoes扩张法则”为思考框架，帮助处于这个阶段的创业公司及以创业公司形式孵化的变革型项目做出清晰的战略选择		
企业经营			
经营打造你的盈利系统 高可为　著	选择最有效的经营策略，打造属于自己的商业模式	**中国企业的觉醒** 王涛　著	企业告别自私、野蛮，转向善良、爱，才会赢得消费者
成为敏感而体贴的公司 王涛　著	未来有竞争力的企业，一定是那些敏感而体贴的公司	**有意识的思考** 王涛　著	对头脑中固有观念保持觉察，从而超越它们的局限
简单思考 孔祥云　著	著名咨询公司（AMT）CEO创业历程中的经验与思考	**写给企业家的公司与家庭财务规划** 周荣辉　著	以企业的发展周期为主线，介绍各阶段企业与企业主家庭的财务规划

续表

书名	内容	书名	内容
从10亿到100亿的企业顶层设计 刘建兆　著	重新定义企业成长方式，有效益、有效率、有效能、有效果、有品质的良性成长	**活系统：跟任正非学当老板** 孙行健　尹贤　著	造活系统，使系统活，靠系统活，活的系统
宗：一位制造业企业家的思考 刘建兆　著	发展20年营业额近亿元制造业企业家的思考与心得	**使命：驱动企业成长** 高可为　著	用大企业发展轨迹及企业家的心路历程，揭示企业成长的基因、做事的逻辑
让经营回归简单 宋新宇　著	战略、客户、产品、员工、成长、经营者的经营法则	**边干边学做老板** 黄中强　著	86个案例讲述中小公司成长过程中遇到的问题和方法
盈利原本就这么简单 高可为　著	跨越业务与财务边界，为企业提高盈利水平提供方法	**战略参谋：写出管用的战略报告** 蔡春华　著	企业对自己、市场、行业其实了解更深，助你高质量完成战略规划
不战全胜：给企业家读的孙子兵法 王吉坤　杨伟霞　著	从《孙子兵法》提炼和总结了帮助企业打造行业龙头品牌的体系	**公司离不开的全栈运营高手：产品运营与推广获客** 王虎　著	涉及运营案例、思维理论、实操复盘、管理方式、推广策略等，是作者八年运营推广经验的浓缩
公域引流　私域经营：这样经营用户关系 王庆云　汪洋　著	为大中型企业提供私域建设的顶层和全景式框架，探索不同业务特性可能适配的不同私域模式	**平台生态：价值创造与价值获取** 彭毫　罗珉　著	厂商之间的竞争已经从产品转到平台，如何创造新的价值创造和获取模式，是企业最想得到的答案
合伙制经营：有效激励，而不丧失控制权 胡八一　著	重点阐述实施合伙制的流程，通过四步为企业家提供一种有效激励而不丧失控制权的工具和方法	**机制创造人才** 彭剑锋　尚艳玲　著	华夏基石专家团著作，为个体赋能，经营人成就人，进行机制创新和价值管理
企业融资：投资人没告诉你的那些事 杨军　著	资深投资人揭示融资“潜规则”，让企业有的放矢		
管理·管理学			
一、企业管理			
让管理回归简单 宋新宇　著	从目标、组织、决策、授权、人才、老板自己等提供方案	**管理的尺度** 刘文瑞　著	西医式的体检化验，又要施加中医式的望闻问切
管理：以规则驾驭人性 王春强　著	人性驾驭角度权度运筹安排的可兑现性，管理有效性	**看电影，学管理** 刘文瑞　著	十六部电影的解读，揭示电影内含的管理之道
好管理　靠修行 曾伟　著	从佛法、道法思想中寻找管理智慧	**公司大了，怎么管** 金国华　著	成长型企业发展中的共性问题，通过案例实录解开
低效会议怎么改 王玉荣　葛新红　著	从梳理公司会议体系的层面改变低效会议的现状	**年初订计划年尾有结果** 郭晓　著	总结七步落地方案让战略计划切实落地实现
分股合心 段磊　周剑　著	围绕股权激励，详细介绍相关知识和实行方法	**员工心理学超级漫画版** 邢雷　著	以漫画形式对组织中个体心理的全面介绍和深入探讨
让投诉客户满意离开 孟广桥　著	投诉法律法规，应对各种投诉技巧等提升客诉能力	**管理就是定计划，抓落实** 张国祥　著	员工“看了就会、拿来就用”的计划制订操作指南
不读韩非子，怎么当老板 王春强　著	通过集中分析有关人性的内容，引导现代管理者更深理解人性是如何影响企业运行，以及管理者应如何因人性而实施管理	**重新想象组织** 彭剑锋　尚艳玲　著	华夏基石专家团著作，通过组织变革逐步进化，找到成长之道，让企业可持续发展

续表

书名	内容	书名	内容
战略管理有方法 和恒咨询　著	结合中国企业实践总结的一套独创性、实操性的战略方法，100 + 工具轻松做战略	高管如何为公司创造高增长 彭剑锋　尚艳玲　主编	战略驱动着企业成长，企业又该如何突破增长的瓶颈
二、管理思想			
管理学的奠基者 刘文瑞　著	近代以来的管理思想发展揭示管理思想的演化奥秘	巴纳德组织理论研读 郭威　著	深度研读巴纳德《经理人员的职能》，帮你理解和看懂
管理学在中国 刘文瑞　著	科学看待管理学流入中国，对继承发展进行深入的阐述	德鲁克管理学 张远凤　著	以德鲁克管理思想发展为线展示 20 世纪管理学的发展
德鲁克与他的论敌们 罗珉　著	德鲁克与马斯洛、戴明等诸多管理大师论战的故事	德鲁克管理思想解读 罗珉　著	全面解构德鲁克思想的精髓与实践价值
治论：中国古代管理思想 张再林　著	深入分析中国古代哲学基本精神的基础上，梳理分析了儒法墨三家的管理思想	流程经理 10 年案例笔记 王焕东　著	用自身工作和生活中的鲜活案例及思考后的心得呈现不一样的流程管理思想
透过决策看组织 李慧才　著	对西蒙管理行为进行贴近企业的通俗化解析和阐释	为什么高管爱读德鲁克 王鹏　著	辅助深读德鲁克、提升管理认知
营销·销售			
一、企业销售			
大客户销售这样说这样做 陆和平　著	大客户销售活动的十大模块，68 个典型销售场景	向高层销售 贺兵一　著	销售人员与客户高层打交道需要重点掌握的知识、技巧
资深大客户经理 叶敦明　著	将大客户经理必须具备的规划、策略、执行三种能力运用自如	成为资深的销售经理 陆和平　著	让销售经理成功把握销售管理的 6 个关键点，并提供工具
销售是个专业活 陆和平　著	据客户采购流程拆分销售过程十阶段，讲解方法技巧	学话术　卖产品 张小虎　著	手机、电动车、家电、食品等消费品的一线销售话术
工程项目大客户销售攻略 陆和平　著	三十八讲循序渐进，全方位透视工程大项目拿单的奥秘，通俗易懂，看了就能用	大客户销售谈判：获得利润的最快途径 陆和平　著	从不会谈判到成为谈判专家，帮助你在与大客户的谈判中轻松说服对方，实现从一次成交、成本价成交到高价成交、持续成交的转变
二、企业营销			
新营销组织力 迪智成　著	适应最新数字化外部环境，系统化协同组织能力建设	营销按钮 老苗　著	讲述存在于人性及各个营销环节中的“按钮”
精品营销战略 杜建君　著	“精品营销战略”核心逻辑与营销组合策略	360°谈营销 王清华　古怀亮　著	营销是立体的，从不同角度观察不同企业的营销精髓
互联网精准营销 蒋军　著	互联网时代整体策划、包装品牌和产品	招招见销量的营销常识 刘文新　著	做好基本的营销动作都可以提高销量、降低成本
用数字解放营销人 黄润霖　著	用数字说话覆盖营销工作的方方面面	用营销计划锁定胜局 黄润霖　著	让营销计划落地，营销人员只需解决两个问题：基数与概率

续表

书名	内容	书名	内容
我们的营销真案例 联纵智达研究院　著	五芳斋粽子、诺贝尔瓷砖、利豪家具、保健品、娃哈哈	**中国营销战实录** 联纵智达研究院　著	51 个案例，46 家企业，46 万字，18 年积淀
弱势品牌如何做营销 李政权　著	产品与物流通道、服务通道、促销互动通路，提供方法	**解决方案营销实战案例** 刘祖轲　著	十大工业品作者实操案例解码解决方案营销
升级你的营销组织 程绍珊　吴越舟　著	根据企业的实际情况建立有机性营销组织	**变局下的营销模式升级** 程绍珊　叶宁　著	十年大量案例归纳三种核心驱动要素、三种升级方向
老板如何管营销 史贤龙　著	十六个招式，理论与案例相结合，高段位营销方法	**孙子兵法营销战** 刘文新　著	理解《孙子兵法》原意的同时，还可体悟到营销之用
新营销 2.0：从深度分销到立体连接 刘春雄　公方刚 牛恩坤　等著	立体连接打通三度空间，在互联网时代诞生快消品领域的超级巨头		
三、品牌			
中国品牌营销十三战法 朱玉童　著	深度演绎最符合企业品牌营销策划的十三套实战战法	**中小企业如何打造区域强势品牌** 吴之　著	从如何建立强势品牌的角度解析扩张难题
小众战略：小资源打造强势品牌 吴修利　著	从品牌观念、市场调研、竞争机会、内部调整等角度，对产品、渠道、传播等核心原则进行了系统梳理	**把品牌建在顾客心里：4 步实现品牌 IP 化** 张学军　著	让品牌自带话题，自主传播
四、营销策划			
这样写文案，就没有卖不动的产品 秦剑　刘安丽　著	术、法、道三个层面由浅至深培养商业文案创作能力	**洞察人性的营销战术** 沈坤　著	介绍了 28 个匪夷所思的营销怪招，大部分可以直接运用
双剑破局：沈坤营销策划案例集 沈坤　著	双剑公司 8 年来的实操案例，每个项目诞生过程、策划角度和方法	**社区团购就这么干：供应商•平台•团长•用户** 陈海超　杨顶刚　著	分享最新实践经验，一看就懂，照着就能做
企业案例			
鲁花：一粒花生撬动的粮油帝国 余盛　著	鲁花如何成长为优秀的带动农业产业发展的品牌，鲁花你一定学得会	**金龙鱼背后的粮油帝国** 余盛　著	以金龙鱼为脉的一部中国粮油行业的史诗
你不知道的加多宝 曲宗恺　牛玮娜　著	以时间为轴线，详细叙述了加多宝品牌的发展历程	**静水流深** 黄治国　著	作者在美的十五年对何享健内部讲话资料的整理
娃哈哈区域标杆 罗宏文　快车君 赵晓萌　寇尚伟　著	讲娃哈哈豫北市场如何成为娃哈哈全国第一大市场、全国增量第一的市场	**借力咨询：德邦成长背后的秘密** 官同良　王祥伍　著	德邦将自己积累的与咨询公司发展共赢的合作逻辑和盘托出
六个核桃凭什么从 0 过 100 亿 张学军　著	全视角深度解读养元企业的裂变成长，复盘十年蜕变轨迹	**像六个核桃一样** 王超　著	六个核桃为什么卖得这么好，产品畅销的 6 大要义 36 条简明法则

续表

书名	内容	书名	内容
中国首家未来超市 IBMG 集团　著	对乐城超市的掌门人及内部员工的采访详细阐释了乐城的经验	三四线城市超市如何快速成长：解密甘雨亭 IBMG 集团　著	甘雨亭的许多关键经营指标均高于行业标准，学习其成功的方法
集团化企业阿米巴实战案例 初勇钢　著	作者在某酒厂推行阿米巴经营模式的心得		
经销商			
新经销：新零售时代教你做大商 黄润霖　著	探访近 100 位经销商在传统营销手法上的创新，传统营销微创新和新营销本地化	商用车经销商运营实战 杜建君　王朝阳 章晓青　著	对商用车经销商的经营与管理、4S 店运营做了全方面的总结
跟行业老手学经销商开发与管理 黄润霖　著	从管理耐用消费品经销商角度提炼了 48 个代表性问题并给出解决办法	快消品经销商如何快速做大 黄润霖　著	经销商如何通过经营实现规模，通过管理实现规模效益
建材家居经销商实战 42 章经 王庆云　著	经营管理的心法和战法，帮助经销商成为“业务妙手”和“管理能手”	成为最赚钱的家具建材经销商 李治江　著	针对建材家居行业的经销商，从销售模式、产品、门店、市场等方面给出方法
白酒经销商的第一本书 唐江华　著	对经销商如何选择厂家、合作、运营品牌等问题给出建议	快消品招商的第一本书 刘雷　著	从招商理论到招商动作进行系列化分解，化繁为简
大商方法：榜样经销商与厂家的合作之道 唐道明　著	洞察厂商合作的核心，为经销商提供可行的方法，手把手教你做大商	快消品经销商成功密码 舟谱商学院　著	通过 8 个真实经销商案例，分享快消品经销商成功经验与方法
中小企业			
中小企业如何打造区域强势品牌 吴之　著	从如何建立强势品牌的角度解析扩张难题	用流程解放管理者 张国祥　著	8 个板块构成，共 66 篇文章，14 幅流程管理图
用流程解放管理者 2 张国祥　著	对中小企业规范化流程管理进行系统的阐述	弱势品牌如何做营销 李政权　著	产品与物流通道、服务通道、促销互动通路提供方法
本土化人力资源管理 8 大思维 周剑　著	用最贴近中国中小企业现实管理情境的案例讲述周围人的“家事”	中小农业企业品牌战法 韩旭　著	农业企业需要全产业链视野，更需要品牌实战方法
门店管理			
门店销售冠军复制系统 王吉坤　著	门店型企业如何打造可复制的销售冠军系统	新零售动作分解与实操：建材·家居·家具 盛斌子　著	对泛家居行业趋势、店面管理、团队管理、促销推广、五感营销等提供策略
家具建材促销与引流 薛亮　李永锋　著	对泛家居营销执行模式和工具、关键环节等进行汇总	建材家居门店 6 力爆破 贾同领　著	产品力、导购力、形象力、推广力、服务力、组织力
家具行业操盘手 王献永　著	总结家具终端门店发展的现状及问题并给出策略	手把手教你做专业督导 熊亚柱　著	系统梳理督导的核心技能，岗位职责、工作流程及技能

续表

书名	内容	书名	内容
手把手帮建材家居导购业绩倍增 熊亚柱　著	针对建材家居门店的业务人员，用案例故事还原场景教你成为好导购	**10 步成为最棒的建材家居门店店长** 徐伟泽　著	梳理店长管理的核心工作职责、店面管理规范，帮助销售人员成长
建材家居门店销量提升 贾同领　著	9 个板块讲述建材门店一个单店如何做到经营的良性循环	**总部有多强大，门店就能走多远** IBMG 集团　著	五大方向综合阐述连锁零售企业总部如何提升管理能力
赚不赚钱靠店长，从懂管理到会经营 孙彩军　著	注重专卖店的经营思路拓展、门店管理细节方面能力的提升	**新医改了，药店就要这样开** 尚锋　著	从药店定位的思考，内部和会员管理等方面探讨中小型药店发展方向
电商来了，实体药店如何突围 尚锋　著	新时代药店经营的三驾马车：药学专业服务、会员贴心服务和精准定向促销	**引爆药店成交率 1：店员导购实战** 范月明　著	药店人的零售工作，怎样接待顾客，完善销售技巧
引爆药店成交率 2：药店经营实战 范月明　著	从药店经营角度建立改善门店现状的实用标准	**引爆药店成交率：专业化销售解决方案** 范月明　著	从简单的拿药服务到提供多角度的专业解决方案
口腔门诊盈利倍增：精益口腔 杨伟霞　王吉坤　著	为口腔门诊定制业绩提升管理系统并落地实施		
互联网			
一、互联网转型			
画出公司的互联网进化路线图 李蓓　著	18 个“可以……吗”的问题作为产品、客户和价值方面的指引牌	**7 个转变，让公司 3 年胜出** 李蓓　著	企业估值、业务模式、营销、生产制造、客户服务、用户黏性、组织管理 7 个转变
重生战略移动互联网和大数据时代的转型法则 沈拓　著	四个重生战略对应四个法则，告知传统企业的转型重生之路	**创造增量市场：传统企业互联网转型之道** 刘红明　著	为读者提供了寻找这些互联网的切入点和接触点的具体方法，带来增量市场
互联网 + 变与不变 本土管理实践与创新论坛　著	61 篇精华文章，聚焦传统行业如何互联网 + 时代转型	**今后这样做品牌** 蒋军　著	顶层设计、营销创新、产品战略、渠道变革、品牌策略
移动互联新玩法 史贤龙　著	立足现实，剖析新时代背景下的移动互联趋势与热点	**互联网时代的成本观** 程翔　著	多维组合成本的互联网精神和大数据特征及应用
正在发生的转型升级实践 本土管理实践与创新论坛　著	100 多位本土管理专家当年对最新一年的思考和实践	**1000 铁杆女粉丝** 张兵武　著	如何让普通女性成为忠实追随的铁杆粉丝，磁力点、情感结、甜蜜区、信任圈
混沌与秩序 Ⅰ：变革时代企业领先之道 彭剑锋　施炜　苗兆光 王祥伍　孙波　夏惊鸣	新环境下企业面临变革应如何应对，企业家如何坚守并与企业共同成长	**混沌与秩序 Ⅱ：变革时代管理新思维** 彭剑锋　施炜　苗兆光 王祥伍　孙波　夏惊鸣	对处于时代变革下的企业管理新机制、人力资源管理新思维，组织与人的新型关系，结合案例提出优化建议
消费升级：实践·研究 本土管理实践与创新论坛　著	从经营、管理、行业三个方面记录消费升级下的实践	**互联网精准营销** 蒋军　著	互联网时代整体策划、包装品牌和产品
智能推荐：让你的业务千人千面 刘国昊　周波　著	从资讯、电商、文娱行业来详细讲解智能推荐的应用，用户时间的争夺战	**制造业外贸营销网站建设** 宋金亮　著	介绍整个网站从无到有的实现过程，从分析思路、撰写内容到规划页面，列举了大量正反面实例，帮助读者理解和投入实践

续表

二、抖音、微信微商、电商			
书名	内容	书名	内容
抖音营销系统 刘大贺　著	抖音系统的实战营销知识，上百个从0做大的案例	金牌微商团队长 罗晓慧　著	微商团队长创业实操的指导工具书
微商生意经：真实再现33个成功案例操作全程 伏泓霖　罗晓慧　著	精心挑选的33个微商成功案例，阐述具体操作过程	快速见效的企业微信营销方法 孙巍　著	站在微信生态的立体高度系统讲述企业微信快营销方法论
阿里巴巴实战运营：14招玩转诚信通 聂志新　著	产品定位、阿里巴巴排名因素、数据分析、标题优化等	阿里巴巴实战运营2：诚信通热卖技巧 聂志新　著	打开诚信通运营的金钥匙，十大具体运营技巧
三、行业新营销			
餐饮新营销 杨勇　程绍珊　著	聚焦餐饮企业转型，系统的餐饮企业营销管理体系	新零售进化路径 李政权　著	预先复盘新零售及商业的未来，找到方向
珠宝黄金新营销 崔德乾　著	珠宝业新营销/新品牌/新产品/新零售/新连接/新场景/新服务/新传播/新管理	新经销：新零售时代教你做大商 黄润霖　著	探访近100位经销商在传统营销手法上的创新，传统营销微创新和新营销本地化
新零售动作分解与实操：建材·家居·家具 盛斌子　著	对泛家居行业趋势、店面管理、团队管理、促销推广、五感营销等提供策略	新营销 刘春雄　著	让品牌商和渠道商掌握获得独立流量的能力，能够与平台商博弈
快速见效的企业网络营销方法 B2B　大宗 B2C 张进　著	数据和案例90%来自作者服务的中小企业，快速全面地学习企业网络营销方法	移动互联下的超市升级 联商网专栏　著	超市未来的发展趋势，对社区超市、生鲜、全渠道建设、O2O等提出观点
百货零售全渠道营销策略 陈继展　著	零售行业的竞争重点、行业本质、战略转型、未来趋势、经验和案例	互联网时代的银行转型 韩友诚　著	银行业在互联网金融变革浪潮中所做的积极应对和转型布局
触发需求：互联网新营销样本·水产 何足奇　著	通过鲜誉案例解读阐述水产行业如何进行互联网转型	新农资如何弯道超车 刘祖轲　著	从农业产业化、互联网转型、行业营销与经营突破四个方面阐述农资企业转型
新零售　新终端 迪智成　著	将新零售系统打法做梳理并落地在新终端建设上		
医药医疗			
一、药店			
新医改了，药店就要这样开 尚锋　著	从药店定位的思考、内部和会员管理等方面探讨中小型药店发展方向	电商来了，实体药店如何突围 尚锋　著	新时代药店经营的三驾马车：药学专业服务、会员贴心服务和精准定向促销
引爆药店成交率1：店员导购实战 范月明　著	药店人的零售工作，怎样接待顾客，完善销售技巧	引爆药店成交率2：药店经营实战 范月明　著	从药店经营角度建立改善门店现状的实用标准
引爆药店成交率：专业化销售解决方案 范月明　著	从简单的拿药服务到提供多角度的专业解决方案	连锁药店新风口：资本　智能　大数据 动脉网　著	对我国连锁药店的市场环境、行业现状等进行分析，给出对连锁药店未来发展趋势的预判
药店导购关联销售技巧与成交话术 范月明　著	以药店情景案例导入，介绍常见疾病的导购销售话术与顾客心理分析，进而提供关联销售解决方案		

续表

二、药品销售			
书名	内容	书名	内容
医药第三终端：从控销到动销 诊所 基层医疗 王祥君 张芳文 著	用大量案例来梳理药企落地动销的策略、方法和技战术	医药营销：诊所开发维护与动销 张江民 著	从六个方面系统阐述基层诊所市场营销攻略
处方药合规推广实战宝典 赵佳震 著	对处方药推广体系搭建、推广人员岗位内容等六个方面进行阐述	医药代理商经营全指导 戴文杰 著	从产品选择、价格体系设计、路径管理等维度描述代理商产品操作的基本策略
处方药零售这样做 田军 著	处方药零售的重要性及做市场的具体措施和方法	OTC医药代表药店开发与维护 鄢圣安 著	一位从初级OTC医药销售代表成长起来的销售经理的经验分享
OTC医药代表药店销售36计 鄢圣安 著	以《三十六计》为线，阐述OTC医药代表向药店销售的技巧与策略	做医生信赖的医药代表 邹晓徽 宁剑锋 朱文虎 著	医药代表如何在合规要求下做好药品推广工作的操作工具书
三、药企转型			
药企战略·运营与医药产业重构 杜臣 著	医药产业的深度认知与发展趋势结合，战略思考与经营操作相统一	医药行业大洗牌与药企创新 林延君 沈斌 著	围绕创新介绍医药行业，介绍近百家医药企业创新实践案例
医药新营销 史立臣 著	从药企最关心的八个方面阐述制药企业、医药商业企业营销模式转型	医药企业转型升级战略 史立臣 著	从商业模式转型、管理转型、定位转型、运营模式转型和跨界转型五方面阐述转型
新医改下的医药营销与团队管理 史立臣 著	立足新医改相关政策的解读，为中小医药企业出谋划策	在中国，医药营销这样做 段继东 著	时代方略在医药营销领域思想、方法文章的精选合集
四、新医疗			
成为医疗器械领军者 王强 著	中小医疗器械生产企业和代理商怎样转型	新型诊所经营与创新 动脉网 著	对新型诊所从标准化管理、经营方式、团队建设、连锁模式四个方面进行解读
医美新风口：颜值经济下的亿万市场 动脉网 著	详细介绍中国医疗美容行业的发展趋势、现状及医美产业链等	互联网医院：正在发生的医疗新变革 动脉网 著	介绍互联网医院的建设与运营、管理，发展模式和市场布局，以及发展规律
快消品			
一、快消案例			
中国快消品营销这些年 史贤龙 著	一本书浓缩快消品营销15年的实战历程与前沿思考	这样打造大单品 迪智成 著	通过13个大案例帮助企业梳理打造大单品的路径
你不知道的加多宝 曲宗恺 牛玮娜 著	以时间为轴线，详细叙述了加多宝品牌的发展历程	娃哈哈区域标杆 罗宏文 快车君 赵晓萌 寇尚伟 著	娃哈哈豫北市场如何成为娃哈哈全国第一大市场、全国增量第一的市场
六个核桃凭什么从0过100亿 张学军 著	全视角深度解读养元企业的裂变成长，复盘十年蜕变轨迹	像六个核桃一样 王超 著	六个核桃为什么卖得这么好，产品畅销的6大要义36条简明法则

续表

书名	内容	书名	内容
5小时读懂快消品营销 陈海超　著	20年快消品市场风云洞察解码，丰富的案例解析		
二、快消品区域经理			
快消品营销团队管理 刘雷　伯建新　著	快消品团队管理相关的20余个工具+20余个案例	**这样打造快消品区域标杆** 罗宏文　牛玉龙　著	分两篇解决如何成功打造标杆市场和进行持续增量管理两大问题
成为优秀的快消品区域经理（升级版） 伯建新　著	作为区域经理的“速成催化器”，升级版增加11篇内容	**快消老手都在这样做：区域经理操盘锦囊** 方刚　著	一线成长起来的资深快消品营销人“压箱底”绝活
快消品营销人的第一本书 刘雷　伯建新　著	针对一线厂家业务员工作中常遇到的问题给予建议	**销售轨迹：一位快消品营销总监的拼搏之路** 秦国伟　著	一个普通营销人的故事，16年背井离乡的职场拼搏之路
快消品营销：一位销售经理的工作心得2 蒋军　著	从市场操作、团队管理、传播推广、营销的具体策略和战略等方面提供方法	**快消品区域/城市经理全渠道管理** 许翔　著	一位在日化巨头一线打拼多年的城市经理操作经验分享
三、快消品动销			
动销：产品是如何畅销起来的 余晓雷　著	从怎么被消费者买走和竞争对手是谁这两个原点解决动销问题	**动销操盘：节奏掌控与社群时代新战法** 朱志明　著	用七个章节阐述关于动销操盘的要诀，节点、节奏、主次、条件匹配性等问题
动销四维：全程辅导与新品上市 高继中　著	从产品、渠道、促销和新品上市四个方面详细讲解提高动销的具体方法	**快消品经销商这样做才赚钱** 张宇　著	从全新的角度，解读经销商的经营困境，并提供可实操的解决方法
四、快消品渠道			
深度分销 施炜　著	渠道价值链、模式选择、渠道策略与管理、零售经销商管理、最佳实践、团队建设	**通路精耕操作全解** 周俊　陈小龙　著	对康师傅的制胜法宝通路精耕进行系统的介绍与说明，图表和完善入微的操作方法
酒水饮料快消品餐饮渠道营销手册 朱伟杰　著	对餐饮渠道深入挖掘，建立适合餐饮渠道发展的服务模式和组织保障措施	**快消品经销商如何快速做大** 杨永华　著	经销商如何通过经营实现规模，通过管理实现规模效益
快消品营销与渠道管理 谭长春　著	解决日常涉及的渠道管理、市场、产品等营销事务	**快消品招商的第一本书** 刘雷　著	从招商理论到招商动作进行系列化分解，化繁为简
采纳方法：化解渠道冲突 朱玉童　著	21个最新的渠道冲突案例立体地介绍渠道冲突的现象和方法	**快消品促销管理与方案：规划 技能 工具** 张荣举　著	涵盖促销规划、打法、具体落地执行的细节和终端人员技能及训练，结合线上线下运作，提供全套方法
五、快消品企业战略			
重构：升级你的竞争优势 杨永华　著	用7大思维，帮你的企业提升档位	**变局下的快消品实战策略** 杨永华　著	从5个角度针对快消品企业如何应对行业变局给出答案
新营销 刘春雄　著	让品牌商和渠道商掌握获得独立流量的能力，能够与平台商博弈	**采纳方法：破解本土营销8大难题** 朱玉童　著	破解困扰营销人的八大难题，给出解决方法
白酒营销培训宝典：复制高业绩 刘孝鞅　著	总结白酒营销人员系统运作市场的要点，转化为易学可复制的动作和工具表单	**酒水饮料快消品餐饮渠道营销手册** 朱伟杰　著	对餐饮渠道深入挖掘，建立适合餐饮渠道发展的服务模式和组织保障措施

续表

书名	内容	书名	内容
白酒			
白酒营销的第一本书 唐江华 著	多角度阐释白酒一线市场操作的最新模式和方法	白酒经销商的第一本书 唐江华 著	对经销商如何选择厂家、合作、运营品牌等问题给出建议
白酒到底如何卖 赵海永 著	多角度阐释白酒一线市场操作的最新模式和方法	白酒到底如何卖 2. 从市场培育到动销 赵海永 著	系统化、标准化、模式化的促成动销的实战操作方式和方法
变局下的白酒企业重构 杨永华 著	白酒企业重构期的营销战略与实操策略 6 大方法	酒业转型大时代 微酒 著	酒水营销、新闻资讯及行业分析、预测的知识宝典
区域型白酒企业营销必胜法则 朱志明 著	以 36 条法则从战略、营销、推广、产品线、品牌、市场、战术等方面提供方法	10 步成功运作白酒区域市场 朱志明 著	从市场攻守、产品攻略、新品上市、占领渠道、促销等十个层面阐述
白酒营销 1：中小酒企操盘与崛起 徐伟 徐涛 著	深入分析品牌与行业、操作方法，提供营销实操宝典	白酒营销 2：品类创新策略升级 黑格咨询 著	立足行业现状，建立品类创新、营销模式创新路径，提供市场建设方法、营销策略与工具案例
茶·调味品·油·乳业			
营销中国茶：2 小时读懂茶叶营销 史贤龙 著	中国茶营销的“困局”“破局”和“创举”	中国茶叶营销第一书 柏龑 著	纵览中国茶叶市场的全局，并且有针对性地提出问题并阐述解决方法
调味品营销第一书 陈小龙 著	15 年监控中国市场 50 个中外著名调味品品牌市场运作、管理等的经验总结	调味品企业八大必胜法则 张戟 著	提炼了调味品企业八大规律性的关键成功要素
食用油营销的第一本书 余盛 著	从小包装油行业概述到产品的基本知识，从基本执行动作到品牌整体策划等	鲁花：一粒花生撬动的粮油帝国 余盛 著	鲁花如何成长为优秀的带动农业产业发展的品牌
金龙鱼背后的粮油帝国 余盛 著	以金龙鱼为脉的一部中国粮油行业的史诗	乳业营销的第一本书 侯军伟 著	区域型乳品企业如何才能稳健发展
调味品经销商公司化运营 张戟 著	调味品和快消品经销商如何从“个体户”到“公司化”，一步步推进的具体方法		
工业品			
一、工业品销售			
大客户销售这样说这样做 陆和平 著	大客户销售活动的十大模块，68 个典型销售场景	销售是个专业活 陆和平 著	据客户采购流程拆分销售过程十阶段、讲解方法技巧
成为资深的销售经理：B2B 工业品 陆和平 著	让销售经理成功把握销售管理 6 个关键点，并提供工具	一切为了订单：订单驱动下的工业品营销实践 唐道明 著	以订单流程的三个环节为主线讲述工业品营销管理新思路
订单是这样拿到的 郑文洲 著	作者近 10 年销售生涯的回顾，真实销售故事和成功经验分享		
二、工业品营销			
工业品营销管理实务（第 4 版） 李洪道 著	是信任导向工业品营销体系的深化版、工业品营销管理体系优化咨询的升级版	工业品企业如何做品牌 张东利 著	为当下中国制造的品牌化转型提供经过实践证明的理念、方法和体系

续表

书名	内容	书名	内容
工业品市场部实战全指导 杜忠　著	解决职能不清、市场部五大职能如何运作、职业发展路径等具体问题	**解决方案营销实战案例** 刘祖轲　著	十大工业品作者实操案例解码解决方案营销
资深大客户经理：策略准　执行狠 叶敦明　著	将大客户经理必须具备的规划、策略、执行三种能力运用自如		
三、工业品企业			
变局下的工业品企业7大机遇 叶敦明　著	探索工业品企业成长的新机会，7大战略与战术性机会	**两化融合管理体系贯标流程与方法** 戴勇　著	融合五十多家企业在两化融合贯标过程的经验，总结重点与举措
丁兴良讲工业4.0 丁兴良　著	多角度阐述中国在工业4.0的机遇和挑战		
建材家居			
一、建材家居门店			
家居建材促销与引流 薛亮　李永锋　著	对泛家居营销执行模式和工具、关键环节等进行汇总	**新零售动作分解与实操：建材·家居·家具** 盛斌子　著	对泛家居行业趋势、店面管理、团队管理、促销推广、五感营销等提供策略
家具行业操盘手 王献永　著	总结家具终端门店发展的现状及问题并给出策略	**手把手教你做专业督导** 熊亚柱　著	系统梳理督导的核心技能、岗位职责、工作流程及技能
手把手帮建材家居导购业绩倍增 熊亚柱　著	针对建材家居门店的业务人员、案例故事还原场景，教你成为好导购	**10步成为最棒的建材家居门店店长** 徐伟泽　著	梳理店长管理的核心工作职责、店面管理规范和帮助销售人员成长
建材家居门店销量提升 贾同领　著	9个板块讲述建材一个单店如何做到经营的良性循环	**建材家居门店6力爆破** 贾同领　著	产品力、导购力、形象力、推广力、服务力、组织力
二、建材家居经销商			
新经销：新零售时代教你做大商 黄润霖　著	探访近100位经销商在传统营销手法上的创新，传统营销微创新和新营销本地化	**建材家居经销商42章经** 王庆云　著	经营管理的心法和战法，帮助经销商成为“业务妙手”和“管理能手”
成为最赚钱的家具建材经销商 李治江　著	针对建材家居行业的经销商，从销售模式、产品、门店、市场等方面给出方法		
三、建材家居企业			
定制家居黄金十年 韩锋　翁长华　著	对中国定制家居行业20年发展历程进行深度、系统、专业的解读	**建材家居营销：除了促销还能做什么** 孙嘉晖　著	探索家居建材行业营销的革命，发现行业“营销天花板”的突破口
建材家居营销实务：新环境、新战法 程绍珊　杨鸿贵　著	针对建材家居市场特点提出以客户价值为基础的整体营销价值链	**全屋整装　高利润运营手册** 翁长华　陈平　著	十大维度解决实际问题，是0到1极具操作性的整装指南
零售·餐饮·服装·影院·美容院			
新零售进化路径 李政权　著	预先复盘新零售及商业的未来，找到方向	**新零售　新终端** 迪智成　著	梳理新零售系统打法并落地在新终端建设上

续表

书名	内容	书名	内容
移动互联下的超市升级 联商网　著	超市未来的发展趋势，对社区超市、生鲜、全渠道建设、O2O等提出观点	**百货零售全渠道营销策略** 陈继展　著	零售行业的竞争重点、行业本质、战略转型、未来趋势、经验和案例
超市卖场定价策略与品类管理 IBMG集团　著	零售企业的市场拓展与商品定位、商品结构与商品陈列、毛利分析与库存分析	**连锁零售企业招聘与培训破解之道** IBMG集团　著	围绕零售企业组织架构、培训体系建设等内容进行探讨
总部有多强大，门店就能走多元 IBMG集团　著	五大方向综合阐述连锁零售企业总部如何提升管理能力	**三四线城市超市如何快速成长：解密甘雨亭** IBMG集团　著	甘雨亭的许多关键经营指标均高于行业标准，学习其成功的方法
中国首家未来超市：解密安徽乐城 IBMG集团　著	对乐城超市的掌门人及内部员工的采访详细阐释了乐城的经验	**零售：把客流变成购买力** 丁昀　著	通过大量的实际案例对中国零售业态的升级转型之路提出思考
餐饮新营销 杨勇　程绍珊　著	聚焦餐饮企业转型，系统的餐饮企业营销管理体系	**电影院的下一个黄金十年** 李保煜　著	介绍了中国电影产业的运作模式及电影院的开发、设计思路
餐饮企业经营策略第一书 吴坚　著	阐述餐饮企业产品之道、市场之道、顾客之道及盈利之道	**赚不赚钱靠店长，从懂管理到会经营** 孙彩军　著	注重专卖店的经营思路拓展，门店管理细节方面能力提升
时装买手自学通 范敏娜　编著	从流行趋势调研、商品企划、采购渠道、数据管理到店铺销售等时装买手需要具备的能力与操盘技巧	**美容院/养生馆高盈利经营模式** 陈鹏飞　著	5步实现店铺高盈利方法与策略
农牧业			
一、农资			
饲料营销有方法 陈石平　著	饲料营销的7大核心命题	**农资营销实战全指导** 张博　著	在农资市场行之有效的营销策略和工具
新农资如何弯道超车 刘祖轲　著	农业产业化、互联网转型、行业营销与经营突破		
二、农牧企业			
中国牧场管理实战 黄剑黎　著	对牧场管理标准、管理制度、操作规程做出剖析和指引	**中小农业企业品牌战法** 韩旭　著	农业企业需要全产业链视野，更需要品牌实战方法
变局下的农牧企业9大成长策略 彭志雄　著	为农牧企业量身打造了9个立足现在、展望未来的成长策略	**农产品营销实战第一书** 胡浪球　著	针对33个农产品营销的核心问题提供具体招数
农产品全网营销 吴之　著	帮助全国农业合作社、家庭农场打造农产品品牌		
地产·汽车			
一、地产			
中国城市群房地产投资策略 吕俊博　刘宏　著	挖掘主要城市群的现状特征、发展因子、演化趋势、竞争关系等，给出分析建议	**产业园区/产业地产：规划、招商、实战运营** 阎立忠　著	从认知、规划、招商、运营四方面系统解读产业园区的建设精要和运营技巧
人文商业地产策划 戴欣明　著	“全球化视野（创意）”＋“人文＋”思维	**产业园区/产业地产2：系统化经营与操盘攻略** 阎立忠　著	全方位系统解析产业园区运营策略
从零开始打造产业园区 刘晓君　著	全流程，系统化，注重细节，多角度教你打造产业园区		

续表

书名	内容	书名	内容
二、汽车			
商用车经销商运营实战 杜建君　著	对商用车经销商的经营与管理、4S店运营做了全方面的系统总结	汽车配件这样卖 俞士耀　著	适合轮胎、机油、维修、快保、美容、洗车等汽车服务业态销售实操办法
润滑油销售：这样说，这样做更有效 张金荣　著	总结润滑油销售面对三大客户常遇到的200余个营销问题解决方法	润滑油品牌营销 张金荣　著	没有说教，只有方法，适合小微企业、代工品牌、经销商、营销人阅读
投资理财·收购资本			
交易心理分析 马克·道格拉斯 【美】　著	一语道破赢家的思考方式，并提供了具体的训练方法	财报背后的投资机会 蒋豹　著	零基础轻松掌握财务报表的相关知识，快速入门
写给企业家的公司与家庭财务规划 周荣辉　著	以企业的发展周期为主线，介绍各阶段企业与企业主家庭的财务规划	分股合心 段磊　周剑　著	围绕股权激励，详细介绍相关知识和实行方法
成功并购300问 浩德并购军师联盟　著	系统学习资本运作和企业并购知识的金融工具书	并购名著阅读指南 叶兴平　著	从全球5000多本并购图书中精选200本并进行评价
避开股权合伙这些坑 苏雯静　著	根据创始合伙人、外部合伙人、内部合伙人等方面的实际案例做归纳和梳理	产业并购操盘手 张军杰　著	15个案例，11个范本，38个图表，拿来即用
科创板IPO上市全流程指导 丁先云　刘海旭　著	不仅有各项制度的深入剖析，更有各种问题和解决方案的详细论述，配合案例，轻松操作		
阿米巴			
阿米巴经营的中国模式 李志华　著	基于阿米巴经典理念提出了适合中国本土的员工自主经营的“1532”模型	集团化企业阿米巴实战案例 初勇钢　著	作者在某酒厂推行阿米巴经营模式的心得
中国式阿米巴落地实践之激活组织 胡八一　著	划分原则、裂变与整合、组织管控、重新定位、巴长竞聘和组阁	中国式阿米巴落地实践之从交付到交易 胡八一　著	从6个方面阐述经营会计，从交付到交易是成功实施阿米巴的标志
中国式阿米巴落地实践之持续盈利 胡八一　著	企业做成平台、平台做成阿米巴、阿米巴做成合伙制		
人力资源管理			
一、绩效·薪酬			
回归本源看绩效 孙波　著	从目的和概念帮助企业梳理绩效管理与经营的关系	走出薪酬管理误区 全怀周　著	从7个常见的薪酬误区入手为企业提供一套系统解决方法
曹子祥教你做绩效管理 曹子祥　著	作者核心授课课程的还原，掌握绩效管理的核心内容	曹子祥教你做激励性薪酬设计 曹子祥　著	作者28年咨询经验总结，如何进行科学的薪酬体系设计
把招聘做到极致 远鸣　著	资深招聘经理多年工作心得的提炼	把招聘做到极致2：灰度招聘全攻略 黄渊明　李佳倩　著	从实战需求出发，兼容并包各种优秀的招聘理论、方法、经验与工具，并进行创新性的应用

续表

书名	内容	书名	内容
二、招聘·面试·培训			
把面试做到极致 孟广桥　著	一套实用的确定岗位招聘标准，提升面试官技能方法	**世界500强资深培训经理人教你做培训管理** 陈锐　著	构建培训体系、培训组织、培训文化、开发培训资源，教你做培训管理
把猎头做到极致 李佳倩　黄渊明　著	帮助猎头顾问从平庸走向优秀	**招聘面试：用提问得到真相** 陈硕　著	十二年资深HR招聘面试经验分享，教你学会如何提问
人才评价中心漫画版 邢雷　著	用漫画形式写成的人才测评专业书籍		
三、HR高管·劳动法			
经营型HRD 黄渊明　著	总结企业HRD如何支撑企业经营，抓好七件关键事情	**人才供应链：实现高绩效均衡的人才管理模式** 许锋　著	打造人才供应链的四大支柱、十项修炼的完整体系
新任HR高管如何从0到1 新海　著	到互联网创业型企业担任HRVP，从0到1建立较完善的HR体系	**人力资源体系与e－HR信息化建设** 刘书生　陈莹　王美佳　著	6大框架、28个关注点、5大目标、6大优势、166个交付物咨询体系和盘托出
集团化人力资源管理实践 李小勇　著	针对集团型企业人力资源管理的问题提出科学建议	**我的人力资源管理笔记** 张伟　著	第三方咨询视角跳出“技术方法”看人力资源管理
人力资源的5分钟劳动法 李皓楠　著	入职管理、在职管理、离职管理中遇到的劳动法问题及应对	**海外人力资源管理：帮企业成功“走出去”** 黄渊明　著	弥补了中国企业海外人力资源管理实践体系建设的空白，具有开创性意义
从零开始学：胜任力模型建模与应用 林丽萍　著	手把手教你做胜任力建模，并通过大量的企业案例拆解介绍模型在各个方面的落地应用	**上市公司总经理助理工作笔记** 黄娜　著	40个案例，教你从小白助理到资深总助
用好任职资格体系 杨序国　著	以某企业为案例，系统地介绍了企业HR如何通过任职资格体系帮助员工成长	**胜任力模型咨询笔记** 韩文卿　著	吸取和总结了世界500强企业的胜任力模型搭建体系和方法
四、HRBP			
HRBP是这样炼成的之菜鸟起飞 黄渊明　著	作者在初步转型HRBP两年时间里摸索实践的亲身经历与总结	**HRBP是这样炼成的之中级修炼** 黄渊明　著	结合作者亲身从事HRBP的工作经历，总结HRBP的作战故事
HRBP高级修炼 黄渊明　著	故事方式，HRD角度深度呈现运用HRBP的思维、方法		
企业文化			
企业文化落地本土实践 王祥伍　著	华夏基石“知信行”模型描绘企业文化落地路线图	**企业文化的逻辑** 王祥伍　著	从文化起源深刻剖析文化、效率、企业、企业文化联系
企业文化定位·落地一本通 王明胤　著	企业文化理念传播和落地聚焦的17种方法，解读了近100个实战案例	**36个拿来就用的企业文化建设工具** 海融心胜　著	汇集整理了36个通用的企业文化实践工具
企业文化激活沟通 宋杼宸　安琪　著	系统阐述沟通与企业文化的关系，给予企业提升沟通效能的企业文化解决方案	**企业文化建设超级漫画版** 邢雷　著	用漫画形式写成的企业文化建设专业书籍，理论体系和29个具体的操作方法
在组织中绽放自我 朱仁建　著	个人与组织之间的关系，文化对组织化形成的影响	**用企业文化提升经营绩效** 彭剑锋　尚艳玲　主编	企业要想在竞争中利于不败之地，就不能没有能打胜仗的企业文化与领导力
流程管理			
营销·研发·供应链业务架构与流程管理 谭勋晖　著	营销、研发、供应链三大业务流程变革实践经验总结	**打造集成供应链** 王春强　著	第一用力在“集成”上，梳理内外部相关模块及其依赖关系
人人都要懂流程 金国华　余雅丽　著	50幅流程管理漫画，内部对流程价值理念的高度共识	**用流程解放管理者** 张国祥　著	8个板块构成，共66篇文章，14幅流程管理图
用流程解放管理者2 张国祥　著	对中小企业规范化流程管理进行系统的阐述	**跟我们学建流程体系** 陈立云　罗均丽　著	在《跟我们做流程管理》的基础上丰富了标杆实践案例

续表

质量管理			
书名	内容	书名	内容
16949质量管理体系落地与全套文件汇编 谭洪华 著	对IATF16949每个条款讲解采用理解、作用、落地、模板、成功案例模块解析	**ISO9001：2015制造业文件模板全集** 贺红喜 著	五篇内容组成的完整的质量管理体系工具文件
精益质量管理实战工具 贺小林 著	四个方面对精益质量管理进行了全方位介绍和解读，并提供大量的方法工具	**五大质量工具详解及运用案例** 谭洪华 著	APQP、FMEA、MSA、SPC、PPAP五大质量工具的具体运用
IATF16949质量管理体系详解与案例文件汇编 谭洪华 著	针对IATF16949的标准原文做详细解说，同时提供大量的表单案例	**SA8000：2014社会责任体系认证实战** 吕林 著	将SA8000多版本及10多年的体系实战经验汇编成书
ISO9001：2015新版质量管理体系解读与案例文件汇编 谭洪华 著	对ISO9001：2015新版标准理解和运用操作进行详细解读	**ISO14001：2015新版环境管理体系解读与案例文件汇编** 谭洪华 著	ISO14001：2015改版后的差别和操作运用进行详细讲解
我在世界500强做供应商质量管理 宋华 著	分享汽车行业成熟的供应商质量管理体系和方法，都是作者的亲身经历	**ISO45001职业健康安全管理体系落地+全套案例文件** 谭洪华 著	每个条款清晰讲解，内容完全落地，轻松运用
五大质量工具之FMEA（2019第五版）详解及运用落地 谭洪华 著	对2019年6月修订的第五版FMEA标准进行详解，提供落地操作方法和全部案例文件，可直接套用		
精益生产			
一、精益·JIT·IE			
精益思维：超越对手的力量 刘承元 著	以尊重人性的精益思想为切入点，分别从管理者的精益理念、精益思维、精益实践、精益中国制造等方面进行独到的分析	**比日本工厂更高效** 刘承元 著	管理提升无极限+超强经营力+精益改善里的成功实践
计划与物流精益改善之道 于晓光 著	围绕“计划与物流战略咨询的方法论”进行解析，提供方法论和案例	**300张现场图看懂精益5S** 乐涛 著	通过日本丰田、上市企业案例，用300张现场图系统讲解5S管理
3A顾问精益实践1：IE与效率提升 党新民 苏迎斌 蓝旭日 著	系统、全面地介绍IE工厂管理技术，提高效率创造价值	**3A顾问精益实践2：JIT与精益改善** 肖智军 党新民 著	系统、全面地介绍JIT生产方式，并加入实践案例
高员工流失率下的精益生产 余伟辉 著	从三方面论述推行精益管理时如何应对员工流失	**让员工爱上6S管理** 肖智军 著	提供了众多企业的原版资料、案例，还汇集了一些企业骨干的推行感想、感悟及反思
200张图表学精益管理：IE工厂效率提升方法 刘秀堂 著	IE工程师视角，全是一线经验。精益落地的实操方法，大量图表工具让你上手就能做		
二、生产管理			
化工企业工艺安全管理实操 黄娜 著	围绕化工工艺安全14要素来展开分析	**手把手教你做专业生产经理** 黄娜 著	生产经理如何在信息流、物流、资金流三大流中开展工作

续表

书名	内容	书名	内容
欧博心法：好工厂　靠管理 曾伟　著	从管人篇和管事篇帮助读者解决人难管、事难控	欧博工厂案例1：生产计划管控对话录 曾伟　曾子豪　著	工厂管理生产计划管控模块的8个全景细节大案例
欧博工厂案例2：品质技术改善对话录 曾伟　曾子豪　著	工厂管理品质、技术、效率管理模块的10个全景细节大案例	欧博工厂案例3：员工执行力提升对话录 曾伟　曾子豪　著	工厂管理人员管控模块的5个全景细节大案例
工厂管理实战工具 曾伟　著	中国传统文化指导下的工厂管理工具	制造业成本倍减42法 王天江　著	42种经过实际验证有效的成本降低方法，用61个真实案例说明
制造企业上10亿其实并不难 杨小林　著	年产值1亿~10亿元中小制造企业在工厂经营和管理上的业务指导		
三、班组长			
全能型班组：城市能源互联网与电力班组升级 国网天津电力公司　著	从互联网时期的班组转型升级出发，对新型班组组织模式和运行机制进行设想	国网天津电力全能型班组建设实务 国网天津电力公司　著	聚焦天津电力公司在探索全能型班组转型升级时的优秀实践
咨询·培训师			
培训师事业长青之道 廖信琳　著	培训师自我管理的“洋葱模型”、十项内容与五个层级	管理咨询师的第一本书 熊亚柱　著	深度剖析初级入行咨询师在工作中遇到的问题
资深管理咨询顾问工作心得 张国祥　著	使用手册讲述咨询师如何操作项目、老板如何选择咨询师、企业如何自主落地	手把手教你做顶尖企业内训师 熊亚柱　著	从开、控、收、编、制、用的角度去履行培训师的职责
TTT培训师精进三部曲上 廖信林　著	手把手教你“深度改善现场培训效果”的一招一式	TTT培训师精进三部曲中 廖信林　著	建构一整套培训课程设计与开发的认知架构和方法体系
TTT培训师精进三部曲下 廖信林　著	通过“沉淀职业功力的六度模型”，帮助培训师在职业技能上持续精进		
产品·研发			
研发体系改进之道 靖爽　陈年根 马鸣明　著	取材数十家企业研发改进的咨询实践，提炼一套实操的改进步骤与工具	新产品开发管理，就用IPD（升级版） 郭富才　著	把产品经营的思想凝结在新产品开发管理机制中，升级版更丰富
产品开发管理：方法·流程·工具 任彭枞　著	结合超过300家企业的实际研发管理方法，总结问题和方法，大量表格	资深项目经理这样做新产品开发管理 秦海林　著	采用过程管理方法，对新产品开发的四大过程进行分析，主要针对小电器产品
产品炼金术Ⅰ：如何打造畅销产品 史贤龙　著	打造畅销产品的四个方法	产品炼金术Ⅱ：如何用产品驱动企业成长 史贤龙　著	从经营者视角重新认识产品，快速诊断产品现状
快消品产品开发方法：打造快消爆品 张荣举　著	提供整套实战性的思维、方法、技能和工具，直接带有表格及公式，一看就能上手